—— 编委会 ——

总 主 编：王海燕

副总主编：尹 航　许 浩

总 审 定：武传涛

本册主编：孙文瑶

播音与主持艺术专业"十三五"规划教材·播音主持实务教程

BROADCAST PERFORMANCE

王海燕 ◎总主编　　尹航　许浩 ◎副总主编

主持实务教程

ZHUCHI SHIWU JIAOCHENG

中国传媒大学 出版社
北京

序

曾志华

2016年中国的传媒生态发生了很大的变化：新媒体发展迅猛，传统媒体陷入困境。互联网有声书的强势来袭使2016年被称作有声出版元年，同时传统媒体则遭遇收听、收视、阅读率下滑，收入下降，人才外流等紧迫问题。业界开始找寻突围之路，学界也开始研究对策，而进行专门教育的高等院校，则思考着包括教材、教程在内的所有教学活动是紧跟一线迅速调整还是墨守成规，变与不变，变在哪儿，不变的又是什么，以及变的"度"如何把握等课题。

山东青年政治学院播音与主持艺术专业的老师们，直面传媒生态急剧变化和专业教材奇缺的现实，围绕有声语言教学总结出"播、说、诵、演"四大基本能力的训练方式，并避开以往教材多以某种具体媒介统领教学的常态，将落点放在了不同类型的节目形态和语言样态上，编写出这套"播音主持实务教程"。望着电脑屏幕上几十万字的书稿，想象着老师们在忙完了白天的教学工作之后，挑灯夜战，在键盘上手指翻飞的情形，我的心里除了感动，更有感慨与钦佩——

是的，这是一个人人都有话筒，人人都是主播，人人都可以是信息传播者的时代，传播生态发生了前所未有的变化。而"所有这一切变化，变革了我们对世界的看法，也改变了我们了解世界的能力"。我们生逢其时！

由此，直面是一种真诚、一种还原，更是一种态度、一种精神。而直面之后的行动，才是真正意义上的责任与担当——向所有为书稿呕心沥血的老师们致敬！

教育，是以现有的学识和经验教化培育人才的工作。教育的本质应该是对人潜能的最大开发。从这个角度而言，播音主持的专业教学，既要将不同类型节目形态、语言样态的基本形式告知学生,又要避免千人一声的单一化。教材、教师、学生是课堂教学活动的基本要素,也是教学质量生成的三种基本要素。因此,我们唯有从教材的编写开始,注重个性化、差异化,小心呵护教材使用者的想象力和创新能力,才能调动学生的自主学习性,使他们成为他们"能够成为""应该成为"的模样。

这些日子,正在上映的印度电影《摔跤吧,爸爸》好评颇多,忽然想起这部电影的男主演阿米尔汗的另一部电影《三傻大闹宝莱坞》,其中有这样一段场景:

课堂上,老教授叫 Rancho 解释"机器"的概念,Rancho 回答道——

"机器是所有能减少人类劳动的事物,任何能简化劳动和节约时间的就是机器。

"今天很热,按下按钮,一阵凉风——风扇,是机器;

"跟千里之外的朋友通话——电话,是机器;

"几秒钟内进行数百万次计算——计算机,是机器;

"我们被机器包围着,从钢笔尖到裤子拉链,拉链,上下上下……"

可思维刻板的老教授却只局限于课本的定义:"机器是由相对运动固定的、相互连接的零件组成的,它意味着能量和动量的相互转换。就像螺丝钉和螺帽,或者杠杆。"

结果,"用简单的、形象的语言表达了同样意思"的 Rancho 被赶出了教室。尽管接下来 Rancho 以近乎反讽的方式巧妙地化解了自己的难堪,但留给我们的绝不仅仅是幽默之后的欢笑。

美国未来学家阿尔温·托夫勒说,第二次浪潮以后,学校崇尚的是"守时、服从、机械地重复作业",教师只是将教材上的知识灌输给学生,学生也只会将教材上的知识"转移"到自己的脑子中去。个人的观点创见、情感交流以及团队协作等,都难以呈现,都被这种"工业化社会的标准化、同步化"所淹没。这是对教材使用的误读和浅读,是教学程式化的一种表现。

本人非常赞同这样一个观点:老师和学生,不是大木桶和小木桶的关系,教学不是大木桶里的水倒一些给小木桶那么简单。老师应该注重培养学生学习的独立性和能动性,还应该关注学生的成长,包括精神的成长和专业的成长。

如果说学习机械制造的工科学生都不应该死记硬背,那么,专门学习有声语言表达的播音与主持艺术专业的学生,则更应该追求语言的鲜活和表达的多样!从他们跨进大学的那一天起,我们的教学就应该遵循因材施教、因人而异的原则,我们的课堂就应该呈现开放包容的气氛,我们的教材就应该是在"变与不变"基础上既有继承又有创新的智慧结晶。

现在,山东青年政治学院播音主持教师团队在原院长武传涛、专业负责人王海燕老师带领下,编写出了这套教材,尽管在框架的构建、体例的完善、行文的严谨以及教学步骤的针对性上还显青涩,还有不少值得推敲、打磨之处,更有待于多轮教学实践的印证。但是,仅从稿件的搜集、案例的采集和相关理论观点的汇集上来看,本教材有着积极的实用价值。这当然也是团队成员殚精竭力付出了巨大心血的结果。

我和海燕相识有七八年了。在她身上,有着浓厚的山东姑娘的特性:美丽大方,热情爽朗,脚踏实地,乐于助人。在一线积累了较为丰富的实践经验后,她毅然来到高校,担负起培育新主播新主持的工作。张颂老师曾经这样要求,作为播音与主持艺术专业的教师应该具有"教学、科研、播音"三位一体的综合能力。海燕是具备了这种能力的,加上她勤奋好学,孜孜以求,相信她会不断地"更上一层楼"!

我很欣赏一位女作家张曼菱,记得她在北京大学的一次演讲中提到,毕业于西南联大的著名物理学家李政道说过这样一句话:西南联大的学生,不是一个模子出来的,每个人都像一粒种子。而教育是配合这个学生的个性来实施的。

是啊,我们的学生本身就是一颗又一颗的星星,身为播音主持专业教师的职责就是把他们安放在星空上那个最适合他们的位置。

为着这份美好又诗意的职业,不忘初心,我们一起同行!

曾志華

2017 年 5 月 16 日

构建播音主持专业核心能力体系

(代前言)

武传涛

一

  长期以来,一直有人问我,你们播音与主持艺术专业学什么?我往往觉得难以回答,因为把专业主干课程一一介绍挺啰嗦的。倒是有一位想到高校应聘播音专业教师的年轻人的回答启发了我们,我问她你在大学里都学了些什么,她不假思索地脱口而出:"声台形表啊!"我立刻知道,她所在的学校播音专业是与表演专业紧密联系的。可是,"声台形表"作为表演专业"声乐艺术""台词艺术""形体艺术"和"表演艺术"四门核心课程或者说四项专业能力的简称,简明扼要而蕴含丰富,为很多人所熟知,要用"声台形表"来表述播音与主持艺术专业的学习内容和专业能力显然不妥。不过,"声台形表"的确启发了我们,由此还联想到了京剧艺术的"唱念做打"和相声艺术的"说学逗唱"等一系列的"四字真经"。那我们播音与主持艺术专业可不可以也来一个"四字真经"呢?

  在总结概括了大量的播音主持创作实践、分析研究了播音与主持艺术专业的课程体系之后,我们提炼出"播""说""诵""演"四个字,简练、概括地表述播音与主持艺术专业的核心课程和专业核心能力,用以构建播音与主持艺术专业的核心能力体系。

二

  播,就是播音,播读,播报,播送,是指播音员、主持人运用有声语言和副语言,通过广播、电视、网络等媒介进行的有声语言传播活动。这是播音员、主持人第一位的专业能力。播,有广义与狭义之分。广义的播音,也称大播音,就是有声语言传播,包括有稿播音和无稿播音,包括新闻性的播报和艺术性的演播。狭义的播音,是典型的播音,只包括有稿播音,是完全以文本为依托的,是要忠实于文本的,是把文字语言转化为有声语言的传播活动,如新闻播音、知识介绍、文稿宣读和纪录片解说。

播,是广播电视媒体传播信息的基本手段,是播音主持人才的基本技能。没有播,电台、电视台就不能称其为电台、电视台;不会播,播音员、主持人就不能算作播音员、主持人。70多年的人民广播事业,造就了许多代表中国气派话语风格的播音艺术家,50多年的播音与主持艺术教育,培养了大批堪称规范的汉语普通话楷模的播音主持人才。

要播好音,必须坚持正确的播音主持创作道路,当好党、政府和人民的喉舌。每一个国家的每一个媒体,都必然会体现国家意志,我们国家也不例外。播音是"党、政府和人民的喉舌",是维护国家利益、弘扬民族精神、传承民族文化、体现时代精神、充满人文关怀的新闻工作。这个认识是不能改变的,忠诚于党、忠诚于国家、忠诚于人民的信念是不能动摇的,必须堂堂正正、理直气壮。在这样的前提下,通过对播音作品的深入理解与感受,通过扎实的语言功力,我们才能完成好播音的任务。

要播好音,必须遵循现代汉语规范,在语音、词汇、语法等方面一定要符合现代汉语普通话的规定,努力承担好推广普通话的责任。这首先是国家法律法规的要求,国家发展建设的需要,同时也是大众传媒广泛信息传播的需要。播音过程中,要力戒语音不正、词汇不当、语法不通的现象,为全社会学习和使用普通话提供示范和表率。

要播好音,必须体现中国气派的话语风格,既庄重大气、掷地有声,又朴实亲切、活泼生动,成为真正的"中国之声"。

要播好音,必须运用有声语言的各种创作手段,体现出审美价值。播音绝不是简单的"念字出声",而是一种创作性的艰苦劳动,要经历"深入理解—具体感受—形之于声—及于受众"的过程,要从有声语言的生存空间进入规范空间,进而提升到审美空间。所以我们反对"千篇一律""千人一声",我们提倡因文而异,因人而异,因情而异,因时而异,努力追求有声语言的美感,给人以"声情并茂""悦耳动听"的愉快体验。

说,就是说话,说明,讲述,谈论,是人们现想现说、用话语表达意思的口语交际。是一种由内部语言转化为外部语言的口语传播活动,包括独白性口语表达和对话性口语表达,是主持人节目中基本的语言表达方式。

说话,因为是现想现说,所以是"即兴话语",具有"直接性"的特点。说话是口头创作,具有"一过性",说出去的话收不回来。说话对语境的依赖性强,与听话人的交流感强,语言灵活多变,通俗易懂。说话能够运用丰富多彩的语音、语势、语气、节奏、表情、姿态、手势等口语的特有手段来传情达意。

说话,是播音员、主持人话筒前、镜头前的一种口语表达活动,特别是在主持节目时,是一种高质量的即兴话语,是口语化、自然流畅的表达,是符合语言规范和审美要求的高水平口语。这对播音员、主持人的学识、才华与能力提出了较高的要求:首先,要具有组织内部语言的能力,以历史的积淀、现实的感悟、教育的浸润、经验的积累为基础,在话筒前迅速、有条理地组织内部语言,使在临场发挥中即兴产生的语言动机,具有强烈的目的性、鲜明的倾向性和严密的逻辑性;其次,要有语言外化的能力,能够将内部语言阶段大脑中形成的一些"语点",按照一定的语法规则,选择恰当的词语,快速地扩展、丰富、编码为完整的句子,顺利完成由"想"到"说"的过程;最后,要有表情达意及调节、整理语言的能力,以良好的声音状态、娴熟的发音和语言表达技巧去传情达意,善于体察受众、营造语境,能及时地对自己的有声语言和副语言进行检验和调整。

诵,就是朗诵,诵读,咏诵,是人们运用艺术语言表达的各种手段将文学作品的文字语言转化为有声语言、艺术地再现或体现出来的创作活动。朗诵是用清晰、响亮的声音,结合各种语言表达手段来完善地表达作品思想感情的一门艺术。朗诵是播音员主持人必备的一种有声语言运用能力,能为增强播音主持的生动性服务,也能直接成为广播电视的节目。

朗诵是以情感人的有声语言艺术,是一种创作活动,是一项复杂的系统性工程。朗诵具有音声性、规范性、文学性、艺术性、综合性、依赖性、创作性、欣赏性、大众性、激励性的特点。朗诵艺术在推广语言规范、促进思想交流、净化人们心灵、开展审美教育、提升双方素养、传承优秀文化等方面,都具有十分重要的作用。

朗诵需要有对文学作品的深入理解与感受。朗诵是一种理清思路、调整心路的艰辛劳动,朗诵者只有在深入理解和具体感受的前提下,让文字作品入脑入心,才能激发起丰富的思想感情,才有强烈的创作、表达愿望。

朗诵需要良好的声音条件和表达技巧。在将文字语言转化为有声语言的艺术创作过程中,朗诵者对文字作品思想内涵的深入理解、其良好的文学修养和艺术素养、对朗诵文本精妙的整体设计,最终都要体现在朗诵者的声音表达上。朗诵者纯正的语音、动听的音色、丰富的语气、变化的节奏等,都是朗诵艺术的魅力所在。

朗诵是训练语言能力的有效手段。从古至今，从小到大，朗诵都是锻炼人们语言能力的重要手段，也是提高阅读质量、汲取文化营养的有效途径。特别是在播音主持人才培养的过程中，朗诵不仅帮助学生提高了思想品德修养和文学艺术素养，还培养了学生"音准、声美、语感好"的专业基础能力，更提升了学生踊跃登台、积极传播的综合素质。

演，就是表演，演出，演播，是通过人的演唱、演奏或人体动作、表情及有声语言来塑造形象、传达情感从而展示技艺、表现生活的艺术。广义的表演，涵盖所有的表现情节或技艺的演出；狭义的表演只指表演者面对观众扮演角色并通过舞台行动而创造人物形象的过程。从播音主持人才培养的角度来看表演，既有广义上的，也有狭义上的，强调播音员、主持人的声音表演能力，或称演播能力，是播音员、主持人适应媒体发展需要、丰富广播电视节目内容不可或缺的专业能力。

演，就是要感情投入地去扮演、表演。在播音员、主持人的工作中，会演播寓言童话、长篇小说，会演播广播剧，会给影视剧、动画片、广告配音，需要其懂得表演艺术特点和规律，掌握必要的表演技巧，善于二度创作乃至三度创作，否则就无法向受众提供高质量的艺术作品。

演，要求播音员、主持人多才多艺。艺术都是相通的，播音员、主持人既是新闻工作者，也是文艺工作者，播音主持艺术也是在向姊妹艺术的学习借鉴中，发展成长起来的。播音员、主持人不是演员，但应当具有演员的素质，或会演小品，或会说相声，或会唱歌跳舞，或会演奏器乐，多才多艺的主持人总是受到人们欢迎的。

演，就是要尽快适应媒体发展的需要。随着经济、社会的发展，人们精神需求的提高，科技的进步，新媒体时代的到来，逼迫以广播电视为代表的传统媒体在变革中求发展，形式更加丰富多彩，内容更加活泼生动，这给播音员主持人提出了更高的要求。特别是综艺娱乐类电视节目日益增多，只有具有表演能力的主持人才能熟练地驾驭节目，与嘉宾和观众形成良好的互动。

需要强调的是，我们把"演"作为播音员主持人的一项专业能力，绝不是要把学生培养成演员，也绝不是要否定新闻传播的真实性。我们希望播音员、主持人在播音主持创作中能够借鉴好、运用好表演艺术的元素，丰富播音主持艺术的手段，提高播音主持的质量。我们坚决反对矫揉造作、故作姿态、拿腔拿调、生硬蹩脚的表演，也不允许在新闻类节目的播音主持中表演。

三

"播说诵演"四者之间的关系,不是简单地平等并列关系,而是有着严格的逻辑顺序区分的。"播"是老大,占有主导地位,最具代表性,主持日常工作;"说"是老二,与老大相辅相成,时常替代老大主持工作;"诵"是老三,是为"播""说""演"提供支持和帮助的;"演"是老四,最具节目样态发展的适应性,能为老二、老三提供支持。"播""说"重在体现播音主持艺术的新闻性,"诵""演"重在体现播音主持艺术的艺术性。我们采用这种比拟的表述,无非是想说明"播""说""诵""演"四项专业核心能力是有主次之分的,是教、学、做过程中必须注意的。

播音与主持艺术专业的实践教学体系,要充分体现"播说诵演"四种专业核心能力的培养,就应当有配套的课程、配套的教材和配套的专业实践活动。按照这样一个思路,我们山东青年政治学院播音与主持艺术专业组织编写了"播音主持实务教程"这套实训教材,分为"播""说""诵""演"四册,分别叫作《播音实务教程》《主持实务教程》《朗诵实务教程》和《演播实务教程》。主要供学习了语音与发声、播音主持创作基础等课程的高年级学生训练播音主持业务能力使用,也是在职播音员、主持人提高业务能力的重要参考书。

希望我们的大胆尝试,能为构建播音主持专业核心能力体系奠定基础,能为播音主持艺术界的同仁们带来启发,能为中国的播音主持教育事业作出积极的贡献!

目 录

第一章　新闻节目主持 / 1
第一节　理论概述 / 1
　　一、新闻节目主持人概述 / 1
　　二、新闻节目主持的表达样态 / 3
　　三、新闻节目主持人互动技巧 / 5
　　四、新闻节目主持的准备要点 / 6
　　五、新闻节目主持人的串联与点评 / 7
第二节　示例分析 / 10
　　示例一　早安山东·新闻早评(片段) / 10
　　示例二　财富朋友圈·昨夜今晨(片段) / 12
　　示例三　民生直通车(片段) / 14
　　示例四　民生直通车(片段) / 14
　　示例五　德州男子被拐30年后寻父 童年曾被迫和驴同睡 / 15
　　示例六　精神病人送医疑遭虐待 两天后昏迷不醒 / 16
　　示例七　让我们共同担当——四川芦山7.0级地震特别报道 / 17
第三节　训练稿件 / 19
　　稿件一　早安山东·新闻早评(片段) / 19
　　稿件二　说天下·新闻脱口秀 / 20
　　稿件三　第一时间(片段) / 23
　　稿件四　财富早班车·财富黄金档(片段) / 25
　　稿件五　新闻晚知道(片段) / 27
　　稿件六　早安山东·新闻早评(片段) / 29
　　稿件七　留美学生凌虐同学案量刑启示(片段) / 30

第二章　生活服务节目主持 / 35

第一节　理论概述 / 35

一、生活服务节目的概念 / 35

二、生活服务节目的发展 / 35

三、生活服务节目主持人的语言特点及分类 / 36

第二节　示例分析 / 39

示例一　劲爆香辣虾(片段) / 39

示例二　陈皮岁月(片段) / 42

示例三　晚间天气预报(片段) / 43

示例四　消失的亿万富翁(片段) / 45

示例五　交换空间(片段) / 47

第三节　训练稿件 / 48

稿件一　永远十八岁的新技能(片段) / 48

稿件二　警惕"忍"出来的病(片段) / 49

稿件三　嗓子痒疼咳 几招搞定(片段) / 51

稿件四　齐鲁消防(片段) / 52

稿件五　这样洗头真的会"洗"出病吗(片段) / 53

稿件六　"天价"事件背后的隐忧(片段) / 54

稿件七　秋膘 / 56

稿件八　神奇边城——腾冲 / 57

第三章　综艺娱乐节目主持 / 69

第一节　理论概述 / 69

一、综艺娱乐节目的概念 / 69

二、综艺娱乐节目的发展 / 69

三、综艺娱乐节目现状及分类 / 71

四、综艺娱乐节目主持人风格特征 / 71

五、综艺娱乐节目主持人素养提升 / 72

第二节　示例分析 / 72

示例一　新娱乐在线(片段) / 72

示例二　2016年春节联欢晚会(片段) / 73

示例三　快乐大本营(片段) / 75

示例四　开门大吉(片段) / 77

　　　　示例五　欢乐喜剧人(片段) / 78
　　　　示例六　我是歌手(片段) / 80
　第三节　**训练稿件** / 81
　　　　稿件一　星光大道(片段) / 81
　　　　稿件二　中秋晚会(片段) / 82
　　　　稿件三　五月的鲜花(片段) / 84
　　　　稿件四　王牌对王牌(片段) / 85
　　　　稿件五　娱乐星天地(片段) / 87
　　　　稿件六　娱乐梦工厂(片段) / 88
　　　　稿件七　幸福账单(片段) / 89
　　　　稿件八　中国好声音(片段) / 90
　　　　稿件九　出彩中国人(片段) / 90
　　　　稿件十　蒙面歌王(片段) / 91
　　　　稿件十一　回声嘹亮(片段) / 92
　　　　稿件十二　我是大美人(片段) / 93
　　　　稿件十三　天天向上(片段) / 94
　　　　稿件十四　2015春节联欢晚会(片段) / 97

第四章　体育解说 / 99
　第一节　**理论概述** / 99
　　　　一、体育解说的概念 / 99
　　　　二、体育解说的发展历程 / 99
　　　　三、体育解说的要求与技巧 / 103
　第二节　**示例分析** / 104
　　　　示例一　2012年伦敦奥运会羽毛球男单决赛　林丹 vs 李宗伟(片段) / 104
　　　　示例二　麦迪时刻解说词 / 105
　　　　示例三　足球解说——亨利(片段) / 107
　第三节　**训练稿件** / 108
　　　　稿件一　2011年世界沙滩排球巡回赛(片段) / 108
　　　　稿件二　绝对巨星——巴蒂 / 111
　　　　稿件三　NBA活塞队对阵骑士队 / 116

第五章　谈话节目主持 / 119

第一节　理论概述 / 119

一、谈话节目的概念 / 119

二、谈话节目的分类 / 120

三、谈话节目的特点和功能 / 123

四、谈话节目主持人的基本要求 / 124

五、谈话节目的策划准备 / 125

六、谈话节目的现场主持艺术 / 125

第二节　示例分析 / 126

示例一　健康之路·胃气通 胃轻松(片段) / 126

示例二　鲁豫有约·向华强(片段) / 127

示例三　对话·养老的朝阳拼图(片段) / 127

第三节　训练稿件 / 128

稿件一　新闻1+1·天价鱼,不仅是天价的问题 / 128

稿件二　面对面·老人摔倒之后 / 130

稿件三　小崔说事·我的白鹿原(改编) / 132

稿件四　读书·一个理工男写的爱情故事(片段) / 134

稿件五　金牌调解·回家过年引起的纠纷(片段) / 136

稿件六　健康之路·美丽女人养出来(片段) / 138

稿件七　体育易言堂·马健做客(片段) / 139

稿件八　对话·中国制造的设计匠心(片段) / 141

稿件九　一线·寻"龙"行动(片段) / 143

稿件十　防务新观察·楔入塞浦路斯 俄罗斯再卡土耳其脖子(片段) / 144

稿件十一　聚焦三农·中国新农民——青春的脚步(片段) / 145

第六章　网络脱口秀节目主持 / 148

第一节　理论概述 / 148

一、网络脱口秀节目的概念 / 148

二、网络脱口秀节目的特点 / 149

三、网络脱口秀节目火爆的原因 / 149

第二节　示例分析 / 150

示例一　买房不买房(片段) / 150

示例二　同事能力弱,力不力挽狂澜(片段) / 152

  示例三　艾伦秀·成龙(片段) / *154*

  示例四　艾伦秀·莱昂纳多(片段) / *155*

  示例五　末日迷信　向死而生(片段) / *156*

第三节　训练稿件 / *160*

  稿件一　歪理邪说—"罗"筐·石油是永远用不完的 / *160*

  稿件二　《奇葩说》精彩发言 / *163*

参考书目 / *165*

后　记 / *166*

第一章 新闻节目主持

教学目标：了解新闻节目主持的基本理论，了解新闻节目主持的现实意义，熟悉新闻节目主持的基本流程，掌握新闻节目主持的基本技巧。

教学重点：新闻节目主持的表达样态和互动技巧。

教学难点：新闻节目主持的串联与点评。

课时分配：12课时。

第一节 理论概述

一、新闻节目主持人概述

1. 新闻节目主持人的概念

主持人这一名称最早是由哥伦比亚广播公司（CBS）制片人休伊特在1952年美国总统竞选的相关报道中正式提出的。"'主持人'一词的英文Anchor，意指体育运动接力赛中最后一棒的运动员，也就是跑得最快、最有冲刺力的人。Anchor一词引申到电视节目后，其含义为最优秀的、最有组织能力的电视节目主持人。也就是说这个人必须有能力把各种新闻片及现场新闻报道组成一个完整的新闻节目，并在整个节目中起到主导、组织和串联的作用。"[①]从新闻节目主持人的名称起源、实际工作内容及特征来看，新闻节目主持就是新闻节目主持人以真实的"我"的身份，在新闻节目中用有声语言和副语言能动地把握节目进程，组织、驾驭、串联新闻内容，与受众平等交流的过程。

---

① 陆锡初.节目主持人导论[M].北京：中国传媒大学出版社，2013：1.

2.中国新闻节目主持人的发展

"1980年12月,中央电视台开播的《观察与思考》首次正式打出了'主持人'字幕。记者庞啸出任第一位主持人,节目主题定为'北京居民为什么吃菜难',这也是我国最早的电视评论节目。1987年6月,上海电视台推出了全国第一个杂志型电视新闻专栏节目《新闻透视》,李培红作为电视新闻节目主持人率先亮相。从播报方式上来看,主持人突破了传统的播讲方式,更多地探索寻找'说新闻'的表达样态。主持人李培红走出演播室,融入节目过程,直接参与选题、现场采访拍摄和节目制作工作。"①《新闻透视》的初战告捷为我国新闻节目主持人发展奠定了基础,带动了一系列电视新闻专栏节目的推出。如中央电视台的《观察与思考》《今日世界》,浙江电视台的《黄金时间》,山东电视台的《今日报道》等。

随着我国新闻改革的深入发展,20世纪90年代初,设立主持人并以主持人的形式传播新闻内容的新闻类主持人节目在我国的电视荧屏上迅速发展起来。1993年,中央电视台《焦点访谈》节目的推出,标志着我国电视新闻评论类节目与节目主持人走向成熟。主持人敬一丹、白岩松、水均益等,分别以亲切沉稳、言辞犀利、国际视野等不同特色成为新闻节目主持人中的佼佼者。一大批各具特色的主持人开始活跃在不同定位、不同形式、不同内容的新闻节目当中,我国的广播电视新闻节目进入一个全新的历史阶段。

3.新闻节目主持人应具备的素质

新闻节目主持人应具备的素质是多元的,除却过硬的播音主持语言功力,还必须具备良好的新闻素养、较高的政治素养、广泛的知识储备和灵活的应变能力。唯有如此,方能完成新闻节目主持人岗位所需承担的各类工作,担当起"党、政府和人民的喉舌"之重任。

(1)较高的政治素养

新闻媒体是党、政府和人民的"喉舌",承担着传达党和政府大政方针、表达人民心声诉求的重任。作为广播电视新闻传播活动中直面受众的最后一环,新闻节目主持人更应该了解国计民生,做好党和政府路线、方针、政策的宣传者和解读者。

新闻节目主持人在节目中往往需要大量生成即兴语言进行表达和评论,正确的立场和角度是节目成功的基本保障,更是政治素养的直接体现。政治素养决定了我们对宣传目的的理解和舆论导向的把握程度,它直接作用于播音主持创作的全过程。具有较高政治素养的主持人能够在节目主持中从小处着眼,从大处思考,这种"大局意识"

---

① 张仕勇,郭红,钟倩.节目主持人通论[M].成都:巴蜀书社,2010:2.

往往能够让主持人在主持过程中增加传播内容的深度,避免出现套路化、简单化的问题。

(2) 良好的新闻素养

在新闻节目起步较早且较发达的欧美国家,一名优秀的新闻节目主持人首先是一名"久经沙场"的优秀记者。对政治、经济、社会、民生等领域的全面了解和精准把握,使得他们在新闻节目生产环节中起到主导作用,主持节目游刃有余,让节目深深打上个人的烙印,成为新闻节目的"标志"和"符号"。常年担任记者工作练就的新闻敏感性和扎实的采编能力是其制胜的"法宝"。

新闻敏感性是新闻工作者捕捉客观世界的变动信息,并衡量其新闻价值大小的职业反应能力,是新闻从业者必备的素质。面对同样的新闻事实,具有良好新闻敏感性的新闻节目主持人能够敏锐地判断出其新闻价值所在,进而以更为恰切的语气呈现新闻内容,并给出恰当的评论;而新闻敏感性不够的新闻节目主持人很可能就放走了这个节目的亮点,或稀释了重要新闻的价值,给节目带来隐性损失。

扎实的新闻采编能力是新闻节目主持人"一专多能"当中"多能"的重要组成部分。只有更多地了解或参与新闻节目的采编播流程,贴近鲜活的新闻第一现场,深度融入节目,新闻节目主持人才能更好地在新闻播报、串联和评论中挥洒自如、得心应手,才能在主持工作中有更多主动权和话语权。

(3) 过硬的语言功力

过硬的语言功力是一名新闻节目主持人必备的专业素质。在新闻节目当中,主持人是节目进程的推动者,复述新闻事实、发表新闻评论、引导嘉宾发言、处理直播意外,无不需要新闻节目主持人运用过硬的语言功力进行精准传达和机智应变。节奏快、信息量大的新闻节目对主持人的"有稿播音"和"无稿播音"能力都是巨大考验。

在新闻节目直播早已常态化的今天,如何适应直播的线性特点、保证直播的顺利进行就成了新闻节目主持人需要认真思考的问题。这不仅仅要求主持人普通话标准、声音悦耳、表述畅达,更需要主持人在面对直播有可能发生的一系列问题时,集中精力,现场组织语言并机智应对突发情况。同时,越来越多的突发事件直播中,主持人手上拿到的不再是主持稿,而是"提纲加资料",说什么、怎么说、说给谁听,这些以往更多由编辑完成的工作,转交到主持人手上。所以在直播时代,过硬的语言功力就显得更为重要了。

二、新闻节目主持的表达样态

随着广播电视事业的不断发展,广播电视新闻节目主持的表达样态也日渐丰富,从早期单一的播新闻,发展到现在的说新闻、脱口秀、播说结合、演播室对话等多种样态,多元的表达样态对播音员、主持人也提出了更高的要求。但不论形式如何变化,新闻传播和广播电视语言传播的规律都不变,有声语言的创作依然有章可循、有法可依。

1. 说新闻

说新闻是当下常见的一种新闻呈现样态,属于交谈式的话语样式。自1998年4月,凤凰卫视《凤凰早班车》首开电视"说"新闻之先河后,中国的电视荧屏掀起一阵"说"新闻热。说新闻,因其形式新颖、主持人个性鲜明等特点,迅速被广大受众接受。

相比播新闻,说新闻显得更加随意、自由,更加生活化。然而,这并不意味着说新闻可以摒弃播音语言的庄重性、规范性和分寸感。初学播音的同学往往会存在这样的误区,觉得说新闻比播新闻容易,其实不然。"说"应该是"播"的"升级版"而非"简化版"。说,不是简单地加些语气词,不是一味地追求"大白话",更不能只注重话语表达的表面形式而忽略稿件内容及要传达的精神实质。要想说得好,应在对新闻深度理解的基础上,充分发挥主观能动性,明确语言目的、理清语句关系,知道为什么说,为什么这样说。适当对文本进行改造,使其更生动、更贴近生活用语和个人语言习惯。经过这样一番"去粗取精"之后,进行有声语言再创作,方能言之有物、言之有理、言之有情,让受众听得清楚、明白。

2. 播说结合

说新闻虽然具有亲切性、贴近性、生活化、口语化等特征,却也不可避免地在权威性、严肃性上打了折扣。因此,说新闻不是万能的,并不适用于所有新闻节目形态。纵观当今媒体新闻节目,播说结合占其中绝大多数。播说结合是指播音员、主持人根据节目内容需要,选择"播"与"说"有机融合的方式进行有声语言的再创作。

播说结合的形式很好地将"播"与"说"融汇于新闻节目有声语言传播中,灵活运用宣读式、讲解式、朗诵式、交谈式四种基本话语样式,最大程度地满足不同内容新闻稿件的表达需求。有时,播与说之间并没有严格的界限划分,播说结合,时而侧重于播,时而侧重于说,要视具体稿件及节目内容而定,需要播音员、主持人灵活掌握,做到变通自如。

3. 演播室对话

演播室对话是指播音员、主持人在演播室中现场或通过电话、卫星、互联网等技术手段与他人进行对话交流呈现节目内容的方式。它包括电话连线、现场访谈等。演播室对话不仅使节目表现形式多元化,也打破了时空限制,丰富了节目的内容。

有些演播室对话已给出既定文字稿件,对话双方的发言内容也已确定,同时由于受播出时间等因素制约,不允许播音员、主持人有更多发挥,此类对话只需注意话语样式的转换即可。

有些演播室对话并无既定的文字稿件,只有粗略的提纲和大致的谈话方向。这就给了播音员、主持人更大的空间,对播音员、主持人的要求也不只局限在播读方面,即兴话语组织能力、采访能力、评论能力、现场把控能力都是播音员、主持人在进行演播室对话时必备的能力。

三、新闻节目主持人互动技巧

在新闻传播过程中,播音员、主持人充当的是"传播者"的角色,是信息源与受众之间重要的桥梁和纽带。在演播室对话互动中,播音员、主持人毫无疑问在第一时间充当了"把关人"的角色,掌握适当的互动技巧,现场对信息进行有效的筛选、整合、梳理,是一名新闻节目主持人的必备素质。

1. 把握脉络 紧扣主题

在新闻节目中,无论是与受众、嘉宾或是记者连线进行互动,主持人都需要牢牢掌握节目脉络。节目此刻进行到了哪里?在此连线是为了说明什么问题?大概需要连线多久?连线能达到什么预期效果?对于这些问题,主持人都要有明确答案。尤其是一些突发事件的直播报道,没有固定的流程单,也没有固定的文稿,具有很大的不确定性,更要求演播室主持人对节目进程、事件进展有清晰的把握,有意识地掌控节目的脉络和内容,使得节目顺利地进行。尽管在这个过程中,主持人脱离了稿件的束缚,被赋予更大的空间和更多的创作可能,但并不意味着可以夸夸其谈,偏离主题。

作为信息通道上的"把关人",在演播室嘉宾访谈、电话连线场外嘉宾时,主持人需要对进入传播通道的信息进行取舍和把控,及时对对方传达的信息进行有效分析和甄别,牢牢把握节目进程,不能被嘉宾的语言左右。

2. 掌握主动 有效沟通

传播者是传播活动中的主动方,是决定传播活动能否正常进行的首要因素。传播者的工作内容主要有:收集信息、加工信息、反馈信息。新闻节目中,主持人与记者、嘉宾的沟通便是这一过程的具体体现。

"永远把自己当成一个记者,而不是主持人,在现场寻找新闻线索,现场组织表达,是一种能力。"[①]节目中与他人的沟通、访谈,能检验出一名节目主持人是否具备采访、评论、语言表达等记者的基本功。

蓝鸿文在《新闻采访学》一书中提出,采访的三个原则是平等、因人而异和主

---

① 陆锡初.我国节目主持人的发展新趋势[J].中国广播电视学刊,2014(5):61-63.

动权。

平等地对话,可以消除主持人与嘉宾之间的距离感,使嘉宾迅速进入状态,打开话匣子;因人而异的原则让主持人及时调整思路和访谈技巧,与不同性格、不同语言特点的嘉宾有效地进行沟通;主动权是主持人在谈话中必须牢牢掌握的,掌握主动权并不是要主持人喋喋不休,而是要把握谈话方向和主线,把控嘉宾发言的时间、内容,使嘉宾发言服务于节目内容。

3. 即兴评述 画龙点睛

通常情况下,"出镜记者在新闻现场的任务是提供给受众'新闻信息',主持人和嘉宾在演播室提供给受众的是'意见观点'"[①]。

根据节目需要,有时主持人要适当地即兴发挥,对新闻事件进行点评,给出意见观点,或进行汇总梳理、归纳总结,对观众进行科学引导。

点评不在于多,而在于精。有时只是三言两语的简短评谈,却如点睛之笔,入木三分。主持人在节目中的精彩表现,离不开日常的勤奋与努力。俗话说:"台上一分钟,台下十年功。"注重日常的积累,保持对新闻的关注与敏感,积极做好广义备稿,方能在点评时游刃有余。

四、新闻节目主持的准备要点

1. 准备播出稿件

稿件是新闻节目主持人在节目中进行口语表达的重要依托,即便有时没有详细的文字稿件和串联词,也会有提纲或素材以及主持人提前打好的"腹稿"。播音主持工作是基于稿件之上的"二度创作",绝非简单的见字发声,单纯完成文字符号到语音符号的表层转换是远远不够的,煞有介事地"抑扬顿挫"也绝不可取。在上节目之前,主持人须按照"备稿六步"充分消化稿件,明确向谁传达?传达什么?为何传达?怎么传达?只有对要播出的稿件心中有数,再辅以恰切的表达技巧,才能鲜明生动地传达出稿件的精神实质。

2. 掌握节目内容

如果说对稿件的准备是从微观上把握细节,那么对节目内容的准备就是从宏观上掌握节目的脉络。通常情况下,主持人在上节目之前,会拿到节目的串联单(流程单),整期节目流程一目了然。这一期节目中都有哪些新闻事件?节目编排上,编导

---

① 宋晓阳.出镜记者现场报道指南[M].北京:中国广播电视出版社,2012:103.

有哪些构思？为什么如此编排？对这些看似与播音不相关的问题的思考,会作用于主持人的语言表达,体现出主持人驾驭节目的能力。

3. 了解采访对象

在进行采访之前,对采访对象的了解是绝对必要的。这种了解,主持人可以通过在采访之前的案头准备获得,也可以通过与采访对象的沟通获得,即便是街头随机采访,也可以通过对采访对象的外表作出大致的判断获得。为了节目中与采访对象顺利交流,主持人通常会在节目开始之前与采访对象进行沟通。有些采访对象表达欲望强烈,话语滔滔不绝,不需要主持人额外启发;有些采访对象不善言辞,内向腼腆,需要提前沟通安排。因此,采访前因人而异进行适度沟通,可以让我们对采访对象在节目中的表现作出预判,并提前进行相应准备,确保节目顺利进行。需要说明的是,与采访对象的沟通并不是按照采访提纲从头到尾预演一遍,而是增进熟识程度、化解隔阂、破除沟通障碍,为正式访谈"铺路"。有时为了在节目中呈现嘉宾对某一事件第一时间的真实反映和"新鲜感",沟通时也要有所保留。

4. 熟悉场地设备

熟悉演播场地可以增加主持人的"主场"意识,增强自信,确保节目的顺利进行。

对电视节目主持人而言,录制之前,应与灯光、摄像、编导等其他工种工作人员适当交流,了解自己的光区,请摄像老师调整好机位的高低,明确录制过程中是否有机位的转换。如果节目中主持人需要运动,则要规划好路线,找好参照物,确定好位置。如果节目使用了虚拟背景等技术,主持人则需设计好自己的手势、动作、眼神等,以便呈现出最好的播出效果。此外,提词器、对讲器等设备也要调试好,做到熟练操作。

对广播节目主持人而言,要熟练掌握话筒、耳机、直播调音台、播出工作站、电话耦合器、延时器等设备的操作。

直播节目中,要提前对各种设备故障、配合环节失误等意外情况做好预案,以便出现意外时能自如应对,避免手忙脚乱、惊慌失措。

五、新闻节目主持人的串联与点评

新闻节目的基本组成单元是一条条被制作成音频或视频的新闻,而要想将这一颗颗独立的"珍珠"串成"项链",就需要主持人发挥串联作用。如何凸显这条"项链"的价值?就要靠独到的点评来挖掘新闻的独特之处。

1. 新闻节目主持人的串联词创作

串联词,顾名思义,就是将上下两条新闻串联起来的话语。不同于新闻的导语和编后语仅与本条新闻内容相关,串联词既要承上又要启下,使不同新闻内容在有声语言呈现时更具连贯性,起到穿针引线、画龙点睛和增加信息量的作用。前一条新闻的编后语和后一条新闻的导语在加工创作后变成串联词,会增强节目的内在逻辑,使节目更加完整、统一。好的串联词可以让两条新闻的传播产生"1+1>2"的效果。

(1)创作串联词能增加主持人对整档节目的掌控力

创作串联词是对新闻内容和信息核心进行提炼的过程,能让新闻节目主持人增强对节目的掌控力,从而更加精准地传达新闻信息,从容面对直播中可能出现的各种突发情况。

(2)创作串联词能够让整档新闻节目更加有机统一

新闻作为新闻节目这个"产品"制作初期的零部件,都是独立的个体,串联词运用得当可以更迅速地将各个零部件组合在一起,让新闻节目这个"产品"更加完整。

(3)好的串联词有助于新闻节目主持人情绪转换

新闻节目中的新闻编排是按照相关性、重要性等原则进行的,在此基础上,相邻两条新闻的内容、基调难免出现较大落差。比如上一条新闻说的是正月十五花灯会的盛况,下一条新闻说的是孤寡老人不幸离世。没有合适的串联词衔接,主持人的情绪转折就难免生硬、刻板。

那么,什么样的串联词才算是好的串联词呢?需要具备两个基本特点:一是串联词的语句要简明扼要。一般来说,新闻节目信息密度较大,所以主持人在进行串联词创作的时候最好能够简明扼要,避免拖沓或啰唆。二是串联词的创作一定要以新闻内容为出发点,衔接巧妙自然而非生拉硬拽。如果硬将完全没有关联的两条新闻扯到一起,极易让受众产生生搬硬套的感觉。

在新闻节目制作单位中,有些节目组有专门的串联词编辑,有些节目组需要主持人自己创作串联词。当主持人在语音条件和外在形象相当的情况下,掌握串联词创作应用技巧显然更具竞争优势。

有时由于直播中的突发情况,如机器故障、工作进度等问题,串联单上原本的新闻播出顺序被打乱,不得不临时更改或即兴重新创作串联词。这个功力不是一朝一夕可以练就的,而是需要大量经验的积累和总结。因此,主持人串联词的创作能力需在"实战"中着意培养和提高。

2.串联词的创作技巧

新闻节目的内容每天都在变化,每位主持人的经历、背景和知识结构也不尽相同,不同主持人对同样两条新闻串联词的创作也各有千秋。串联词的好与坏是要根据不同的节目包装、不同的主持人定位来进行评判的。下面我们就简单介绍两大类串联词的创作方法。

根据上、下两条新闻内容的关联度和串联关系的明显度，即两条新闻之间是否比较容易找到明显的逻辑关系或引申意义，可以将新闻串联词创作分为显性关系的串联词创作和隐性关系的串联词创作。

（1）显性关系的串联词创作

我们把容易找到明显逻辑关系的两条新闻的关系称为显性关系。这种逻辑关系一般可以概括为转折、递进、并列、因果等，具备显性关系的两条新闻的串联词创作可以通过以下步骤来进行：

①挖掘共同关键词或者引申意义，找出将两条新闻联系在一起的纽带。

②在共同关键词或引申意义中寻找不同，找出两条新闻的共同关键词之间的语境联系，看是否存在对比、转折、递进或者并列等逻辑关系。

③结合具体语境和逻辑关系进行创作。

（2）隐性关系的串联词创作

具备隐性关系的两条新闻的串联词创作可以通过以下步骤来进行：

①通读新闻，寻找两条新闻是否有相同的新闻内涵，即寻找两条新闻内容相同的引申意义或相关点。

②寻找两条新闻的引申意义和相关点的逻辑关系。

③结合语境进行串联词创作。

3.新闻节目主持人的点评

新闻节目主持人点评的概念和新闻节目主持人评论是不同的，点评长短不一，结构多样，有的在导语中体现，有的在编后语中出现，有的融于串联词中成为总结上篇的重要话语，有的则体现在与前方记者的连线、访谈交流或者报道当中。"点评不是层层展开的东西，而是拎出那值得'说道说道'的，或'非说不可'的具有普遍意义的'一点'，或提示，或补充，或概括，或深化，三言两语，点到为止。"[①]

新闻节目主持人的点评是新闻节目的重要组成部分，是新闻节目主持人在对新闻内容进行深刻理解之后，代表节目立场作出的点到为止的重要评论语言。在形式多样的新闻节目中，主持人或贴心，或辛辣，或犀利，或精辟的点评，不仅是为节目增色的"调味剂"，也成为新闻节目主持人重要的个性化标签，是形成其个人风格的重要手段和有效途径。可以说，点评之于新闻节目或新闻节目主持人都非常重要。

好的点评可以深化新闻节目的内涵和主题，引申出耐人寻味的意义，增加节目的

---

① 吴郁.当代广播电视播音主持[M].上海：复旦大学出版社，2008：166.

感染力和思想深度,引导舆论方向;好的点评也可以融于串联词之中,上承下接,成为节目结构的有机组成部分;好的点评还有助于主持人形成个性鲜明的主持语言风格,塑造主持人个人形象。

4.点评的创作技巧

小处着眼,微言大义。每一条新闻都有它的独特之处,这种独特之处往往就体现在细微之中,抓住每条新闻与众不同的细微之处,结合新闻事件发生的独特时间、地点、社会环境、政治氛围、舆论导向等进行点评,才能直中要害而不会"假、大、空"。这样的点评也更容易深入浅出,让人觉得入情入理。

补漏纠偏,专业分析。记者在采编新闻时,有时由于时间紧迫或环境特殊等原因,无法将了解到的新闻信息全部体现在新闻视频或音频中,这就需要主持人在点评时作适当补充。同时,由于知识结构不一样,新闻主持人对事件的见解可能和记者、编辑不一样,主持人就可以发挥自己的专业优势,对事件进行不同角度的专业分析。

有感而发,引发共鸣。如果每一条关于教育的新闻都点评为"再穷不能穷教育,再苦不能苦孩子";每一条关于犯罪的新闻都点评为"天网恢恢,疏而不漏",那么这样的点评就变得可有可无。好的点评必须从新闻内容本身出发,寻找能触动人心的地方,作出或呼吁,或升华,或感慨的点评,这样才能引起受众的共鸣。

第二节 示例分析

示例一

早安山东·新闻早评(片段)

新闻早评,我们来一起关注今天的舆论热点。在今天的开始咱们还是来说说两会的话题,那今天咱们就来说说两会的"表情包"。今年的两会,网友们自发制作的各种两会"表情包"风靡网络,既有代表委员们发言时的手势,也有他们婉拒采访时的示意;既有部长通道上的言谈举止,又有新闻发布会上的各种细节,微笑的、皱眉的、抱拳的、欠身的等,形成了一道独特、多样的表情风景线。

今天出版的《人民日报》的文章认为:有什么样的姿态和心态就会浮现出什么样的表情,把发声视为责任,把回应视为义务,面对话筒和镜头就不会瞻前顾后、躲躲闪闪,而是主动表达、积极发言,姿态上放下,心态上放松,神情就会生动自信,也就更加自然了。这些表情的背后也说明,不忘初心,回归本职才能真正地代表民意。

每年的两会各种提案都是备受大伙儿的关注。在今天的两会上,全国政协委员冯丹龙提交了一个提案,建议设置卷烟的最低价格标准。比如,卷烟的最低价不得低于每包10元,以此降低青少年初始吸烟以及染上烟瘾的可能性。听着这个建议还是不错的,但是这个效果到底如何呢?

《钱江晚报》的文章就直言说:涨价解决不了青少年吸烟的问题,青少年为何吸烟,每个人都有不同的理由,并非都是烟价惹的祸。比如说,家庭教育、学校教育、社会风气、猎奇心理等,都会引发青少年吸烟,单纯地提价既不治标也不治本。

《光明网》的文章认为:用提高卷烟的最低价来解决青少年吸烟的问题,听起来有一定的合理性,而实际上更像是给烟草涨价又一个堂皇的借口,并非烟草定价越高控烟效果就越好。既要提高不合理的低价烟,也要对那些高端烟控价,打"价格组合拳"才能双管齐下。

接下来我们再把视线转向浙江。违规将扣分,扣完12分将吊销登记证。这听起来像是驾照的管理,但是实际上今天给您说的是养狗的问题。

浙江绍兴从今年的3月起,养狗引入类似驾照的管理机制。比如说,携带犬类进入(宠物)禁止进入的公共场所要扣3分;干扰他人生活要扣6分;犬只伤人拒不承担法律责任的扣12分,不得重新申领;虐狗造成恶劣影响将列入黑名单。

今天《京华时报》的文章说:相比一些动不动就"严禁养狗"的规定,绍兴的记分管理算是一个创新了。它既明确了执行方是城管执法局,也为养狗居民设置了违例的空间,显得宽严并济、灵活人性,但记分制想要有实效,关键是要公正执法、严格落实。

(山东卫视《早安山东·新闻早评》2016年3月15日)

示例分析:本期节目播出恰逢全国"两会"召开,而每年的"两会时间"都紧密关系着中国未来的发展走向,尤其2016年是"十三五"规划的开局之年,也是全面建成小康社会决胜阶段的开局之年,其意义更为特殊。所以,作为一档新闻栏目中的评论版块,两会话题必不可少。当然,千篇一律的两会"套话"会让很多受众产生"拒绝心理",如何生动有趣又准确地传递两会信息呢?本期的《早安山东·新闻早评》就以两会的"花边新闻"为切入点,从网友给参加两会的代表委员制作表情包的新闻入手,拉近了代表委员与普通受众的距离。作为新闻评论版块的主持人,在语言运用上要揣摩如何将本来较为严肃的话题以一种让观众易于接受的方式"讲"出来,而不是传统意义上的"播读"出来,努力做到"内紧外松"。

第一段在播讲时要注意两处连词的层次感,注意对象感的把握。

第二段在表达《人民日报》的评论时极易摆出说教、"端架子"的姿态,恰恰是这种"高大上"的评论才应该运用语言技巧平实地讲述给受众,切不可因内容与受众产生距离感。

"两会"期间的每一期《早安山东·新闻早评》都会选择一个百姓关心的提案进行评说，这既提高了节目的可看性，又让受众对"两会"有了更多了解。本期节目中谈及一位政协委员建议设置香烟最低价格，讲到这里并未觉得有何不妥，可说到目的是"降低青少年初始吸烟以及染上烟瘾的可能性"时，就引发了争议。接着，评论中肯定了建议的出发点还是"不错的"，继而引用两家媒体的评论对效果提出疑问。播讲第三段时，要注意其中情绪的一波三折，引起受众的兴趣。

第四段选择了两家媒体对于同一事件的评论，作为播讲者要厘清两种观点之间的关系，在不同的评论中选用恰切的语气，使语言形成完整的逻辑合力，让人听起来言之有理。如果单是就事论事，则只能算完成任务，并不出彩。

在评论时切忌有"事不关己，高高挂起"的思想存在，在理解稿件的同时，要将所播讲之事化为身边事、自己事，用"我"的视角来观察事件，评说事实。

编辑在组织稿件的过程中惯用书面语表达，而书面语有时不符合口语表达的要求，所以新闻节目主持人在播讲过程中要根据实际情况，在不篡改原文文意的情况下酌情变化文字的结构、内容，使之变为能够"说出来的话"。

示例二

财富朋友圈·昨夜今晨（片段）

我们来关注一组《人民日报》昨夜今晨汇集的最新消息：

先来关注浙江丽水山体滑坡搜救最新进展。截至昨晚8点25分，浙江丽水山体滑坡灾害已搜救出群众34名，其中33人确认死亡，依然有4人处在失联状态。我们希望能够出现更多的生命奇迹。

从昨天晚上刚刚结束的世界杯预选赛亚洲区40强小组赛上传来消息，国足客场0:0逼平中国香港，仍然位居小组第三位，晋级已经基本没有什么希望了。

来关注一条好消息——相关负责人昨天表示：长征五号运载火箭关键核心技术已全面突破，明年年底之前将会择机进行第一次飞行试验。

公安部通报：最近破获一起特大地下网络赌博案，抓获90多名犯罪嫌疑人，涉案资金超过5 000亿元，这样数字确实挺让人震惊的。法网恢恢，疏而不漏，对于赌博这种害人害己的行为，大家一定要远离。

再来关注一组跟我们生活密切相关的消息：

油价又降了！发改委发布通知：今天凌晨零点起国内汽柴油价下调，汽油每吨下调85块钱，柴油每吨下调80块钱，算上这次，国内成品油价年内已经下调了11次。

再来说说跟吃有关的事儿。国家食品药品监管总局发布公告：没有批准过含磷虾油原料的保健食品。近日有媒体报道说，部分公司宣传"南极磷虾油保健品"功效强大、包治百病。听上去就很不靠谱啊，提醒大家再看到类似的消息，千万不要相信。

下面这条消息戴眼镜的朋友要格外注意。今年第三季度，国家工商总局对四个省或区开展眼镜质量抽查检验，结果显示：不合格检出率接近三成，12个品牌登上黑榜，其中还包括暴龙、雷朋等一些著名品牌。

人力资源和社会保障部表示：高校毕业生就业服务周将于11月23日到12月6日举行，也就是下周就要开始了！服务周将集中开展网络招聘会、现场招聘会、就业和创业指导等活动，内容还是相当丰富的。而且各项活动对高校应届毕业生一律免费，需要找工作的毕业生们要把握好机会。

以上是主持人实际工作中编辑播出的一组稿件，我们不妨看一下这组稿件的原始状态：

截至17日20时25分，浙江丽水山体滑坡灾害已搜救出群众34名，其中33人确认死亡，仍有4人失联。

长征五号运载火箭关键核心技术已全面突破，2016年底前将择机进行首次飞行试验。

第三季度，国家工商总局对四省（区）开展流通领域眼镜质量抽查检验，不合格检出率为28%，涉及暴龙、雷朋等12个品牌。

发改委：今日0时下调国内汽柴油价，汽油每吨下调85元，柴油每吨下调80元，这是国内成品油价年内第11次下调。

人社部：高校毕业生就业服务周将于11月23日到12月6日举行，期间将集中开展网络招聘会、现场招聘会、就业和创业指导等，对高校应届毕业生一律免费。

国家食药监总局：未批准过含磷虾油原料的保健食品。近日有媒体报道，部分公司宣传"南极磷虾油保健品"功效强大、包治百病。

17日晚，世界杯预选赛亚洲区40强小组赛，国足客场0∶0战平中国香港，仍居小组第三，晋级基本无望。

公安部破获一起特大地下网络赌博案，抓获90余名犯罪嫌疑人，涉案资金逾5 000亿元。

（山东经济广播《财富朋友圈》2015年11月18日）

示例分析：通过对比不难发现，主持人对一组素材进行了分类归纳，调整了顺序。

同时通过在每条消息之间增加简单的串联语，使得一组稿件形成一个有机的整体，"软化"了新闻，使之不再是一条条生硬的消息，而变得与我们的生活息息相关。

这组稿件适合采取播说结合的方式进行呈现，注意亲切感与交流感。原始稿件适合采用播的形式，主持人后加的话则可采用说的形式，要注意播与说的衔接和转换，不能太过生硬。

示例三

民生直通车(片段)

导　语：今天早上刚过6点，济南4路公交车，走到六里山南路站点时，司机王斌忽然听到后座有人喊：快来，快来，我要生孩子了！

（新闻片）

串联词：说完了在公交车上生孩子的，再来说个在公交车上丢孩子的。

导　语：今天上午9点半的时候，在济南市历城区，省图书馆附近的BRT站点，有一个小男孩精神恍惚，手里还拿着两个大包袱，这是怎么回事啊？车站上的工作人员觉得挺反常，就拨打110报了警。

（新闻片）

(山东广播电视台公共频道《民生直通车》2013年5月23日)

示例分析：在对这两条新闻进行串联时首先寻找共同的关键词，通读后发现"孩子"和"公交车"是两条新闻当中都出现的元素。再结合语境来看，第一个是公交车上生孩子，周围的陌生人都来积极地帮助产妇；而第二条是说孩子父亲提前一站下了公交车，险些弄丢孩子。这是两个有相关性的事件，可以拿"公交车"和"孩子"这两个关键词进行串联。

示例四

民生直通车(片段)

导　语：生命爱心接力的事情，我们在之前的节目中为大家报道过很多次。最近，为了救治一名重病男童，在医院、警方和许多好心人的爱心接力下，仅两个小时左右的时间就完成了110多公里的全部转院过程。

（新闻片）

串联词：您看，这么多人为了一个男童的生命付出了这么多的努力，让我们感受到了生命的温度,但是,有人却拿自己的生命不太当回事儿,违规酒驾,被查后,似乎还不大配合检查。

导　语:昨天,潍坊交警大队交警例行查酒驾,在对一位摩托车司机进行酒精检测后,发现其酒精超标。而被查后,这位司机不接受处罚,当场就发起了飙,冲着交警是一阵狂吼。

(新闻片)

(山东广播电视台公共频道《民生直通车》2013年5月23日)

示例分析:这两条新闻初看似乎找不出特别明显的关联,但是大家理解一下两条新闻的导语会发现,两条新闻之所以具有新闻性,就是因为它们都和"生命"有关系。所以我们可以用"生命"一词作为纽带将两个新闻素材串联起来。第一条新闻说的是四岁男童生病,社会多方力量联合帮助其顺利就医,体现的是对生命的尊重和关爱;而第二条新闻说的是司机酒驾被查,酒驾会危害司机和行人的生命安全,在醉驾入刑的社会大背景下还敢酒驾上路,体现的是这名司机对自己和他人生命的不尊重和不负责。两条新闻形成了鲜明对比。

示例五

德州男子被拐30年后寻父　童年曾被迫和驴同睡

主持人点评:见面的那一刻,父子在拥抱的那个瞬间,儿子不停地在说,爸爸,你为什么不找我?有点责怪的意思,我宁愿理解成为这其实是一句气话。因为,你可以想象,恐怕从你离开的第一天起,你的爸爸心里就在滴血。当然在这个事件当中,一定有人是犯错了,甚至有人都去世了,就让那些怨和恨都尘归尘、土归土吧。因为你们的爱还在,血缘还在。

原始点评:30年后,父子俩再相见。爷俩已经商量好了,过几天,让一家人去婺源,让吴建平见见亲姐姐。真是一件大喜事儿,两个家庭重新联系到了一起。但问题是,父子俩分别如此之久,到底是谁的过错呢?养父母已经过世,也不好再去追究,那还有没有人应该为此事自责呢?相信将来会有答案。

(山东广播电视台公共频道《民生直通车》2015年3月19日)

示例分析:这条新闻说的是男主人公幼年时被自己父亲的朋友以学艺之名带走并且卖给了后来男主人公的养父母,30年后通过一个偶然间发现的户口本,男主人公和亲生父亲相认的故事。主持人从"家事"这个角度出发进行评论,首先确立了要"善意引导"的方向。虽然故事里的人有对有错,但因为这是"家事",并且有的人已经去世,再去责怪或追求责任已经意义不大了,而未来的路还要继续走下去。所以主持人对新闻的点评做了修改,用一种洒脱的态度来进行点评,这样的有感而发,更像是一种对新闻主人公的劝解,引导他们放下过往,珍惜找回的亲情。这样的修改比原始编后语更能体现新闻媒体的关怀和温度。

示例六

精神病人送医疑遭虐待 两天后昏迷不醒

主持人点评:我个人觉得,现在恐怕还不仅仅是医药费这么简单的问题,我想说三点:

第一,我们都知道医院是一个治病救人的地方,这毋庸置疑。如果是精神病医院,那你要治疗的是病人的精神问题,现在,你不仅仅没有给人家治好精神问题,反而把人家的身体给拖垮了。这是我们公认的事实,院方能够否认吗?

第二,医院是一个讲究技术含量的专业性的地方,是要有医术的,尽管对于特殊的精神病人这个群体而言,恐怕有的时候要采取强制措施,可是强制措施是殴打吗?是片子当中展现的那些行为吗?显然不是,而且这恐怕还牵扯到一个违法的问题,如果医院或者医院里的相关医务人员真的出现了这样的问题,我想,不仅仅是违法,而且要有相应的机构把你列入黑名单。

第三,我们来看法律上的一个规定,这是2015年年底,最高人民检察院和全国残联出台的文件《在检察工作中切实维护残疾人合法权益的意见》,其中就特别指出了,对于精神病人在矫正过程中,如果出现了殴打、体罚、虐待、变相体罚,情节严重的,那要追究你的刑事责任。

各位,精神病人,你在殴打他的时候,可能这儿(主持人指着头部)没有特别明确的概念,可是,你打在他身上的每一下,他都疼。

原始点评:医院是治病救人的地方,精神病院治疗人的精神问题。可是这家医院不但精神疾病没治好,反倒把人家身体搞垮了,这让其他病人还敢进这家医院吗?希望这家医院能从中吸取经验教训,杜绝类似事件再次发生。另外,打了人,监控录得清清楚楚,没什么好说的,好好给人家看病吧。

(山东广播电视台公共频道《民生直通车》2016年2月24日)

示例分析:这条新闻说的是一名青年男子因为患有精神病被送到了某家精神病医院,但是却因医务人员的殴打而昏迷,并且之后病情持续恶化。对于这样的恶性事件,只是谴责医院的做法已经显得没有力度了,而应该从法律的角度来分析该行为是否违法,如果违法又应该承担什么样的责任。主持人对编后语的改编,有理有据、合情合理,并且非常有力度,就是因为他运用了法律思维来分析事件中人的行为。好的点评不仅可以升华新闻的主题,还可以补充新闻视频或音频中没有体现出来的信息,增加其内容深度。

示例七

让我们共同担当——四川芦山7.0级地震特别报道

主持人:灾情发生之后呢,本台也派出了多路记者赶赴地震灾区。昨天晚上本台记者田进就从成都经过了8个小时的乘车和徒步前进,已经抵达了震中芦山县城。接下来我们就来连线记者田进,请他来给我们介绍一下前方具体的情况。田进你好!

记　者:你好,主持人。

主持人:你现在具体的位置是在哪里?

记　者:我现在是在芦山县城的中央,靠近人民医院和居民安置点的迎宾大道上。

主持人:现在你是在医院的附近,医院里的情况你了解吗?

记　者:是这样,主持人。今天上午,四川省民政厅发布的最新统计数据显示,四川芦山地震造成了203人死亡,11 400多人受伤。作为重灾区,芦山也有6 000多人受伤。由于我身边的芦山县人民医院大楼损毁比较严重,昨天搜救出的重病病人都被第一时间送到了附近地方的大医院。从今天上午起,芦山县人民医院恢复了供电,医疗条件也得到了改善。到目前,外地的多家医疗队也已经在这里展开了工作,在芦山县人民医院外搭起了许多顶急诊的帐篷,收治的受伤病人也多达2 000多名,并且全部得到了及时的救治。主持人。

主持人:也就是说现在芦山县人民医院已经可以正常地开展救治的工作了。

记　者:对,是这样的,主持人。

主持人:你刚才说你离灾民安置点也比较近,能给我们介绍一下灾民安置点的情况吗?

记　者:好的。是这样,我们都知道这次地震房屋受损,造成灾民多达10多万人。从我们最新了解到的情况来看,芦山县的救援力量基本上已经覆盖了各个的重点区域。受灾群众也基本得到了安置,就拿我身边的芦山体育馆来说,它是这里最大的灾民安置点。我们在这里可以看到,大量的帐篷已经搭建在了户外,上百名志愿者穿梭在其中,提供着各种服务。虽然现在灾区的物资还比较紧张,但今天中午呢,这里的灾民每人都领到了饮用水、牛奶和饼干,还吃上了一碗热乎乎的汤圆。主持人。

主持人:嗯,今天中午他们已经吃到了午饭,晚饭现在有解决吗?

记　者：晚饭其实现在已经给他们备好了，只需要他们到时候来领取就可以了。

主持人：目前这个灾区安置点的秩序怎么样？

记　者：整个安置点的秩序都比较好，整个城市的秩序从目前的情况来看也是比较好的。从昨天到今天呢，芦山县的余震还是不断。就在记者今天中午写稿时，还发生了一次4.9级的地震。不过到目前呢，从整个城市来看，秩序并没有因为余震而感到混乱，城市的交通也比较良好。这里的救援队也已经有序地进入了县城，通讯、电力、饮水等抢修救援工作也已经全部展开了。主持人。

主持人：你现在是在用手机和我们连线吗？

记　者：对，对，信号不太好！

主持人：我们在这里听到的信号还可以。

记　者：哦，我现在正在芦山广播电视中心附近，这个地方距离人民医院也很近，这个地方为灾民临时搭建了许多的应急通讯救援车。

主持人：因为现在我们在演播室听到你的声音还是比较清楚的，所以现在应该可以判断在当地的通讯已经全面恢复了吗？现在通讯情况恢复得怎么样？

记　者：还不是这样，在灾民的集中区和一些主要的办公区域，应急通讯得到了基本的恢复，其他的一些像乡镇的区域还需要抢修。

主持人：供电方面呢？

记　者：供电今天的情形是，据我们的了解，今天早晨芦山县城80%到85%以上的区域是断电的。为了开展工作，我们上午为了使用携带的笔记本电脑，我们找了很多地方(充电)都没有找到，最后还是在志愿者的引领下，我们来到了广电中心。

主持人：那如果是当地的灾民他们要使用电，现在有保障吗？

记　者：今天中午开始，各地支援芦山的应急供电车已经来到了芦山的大街小巷。在主要的十字路口，已经架设起了应急的充电车，可以随时给自己的手机、笔记本充电。

主持人：好，也请你和我们保持联系，另外也是要在这里多嘱咐你一句，在前方一定要注意安全。

记　者：好的，谢谢主持人。

主持人：有最新的情况随时我们再来连线。好吗？

记　者：好的，再见主持人。

(山东卫视《芦山地震特别报道》2013年4月21日)

示例分析：这是在突发事件直播中主持人与记者的一段电话连线。由于地震灾情事发突然，节目直播不可能像平时一样有既定的导语和流程单。地震灾区通讯也是时断时续,记者不能保证与电视台的联系随时畅通。在节目进行过程中,导播拨通了记者的电话后,就会临时通知主持人进行连线。此时主持人一直在直播间里播报最新消息,没有提前与记者沟通的可能,导播给主持人的信息也非常有限,只告诉了主持人记者现在的方位。这段连线就是在这样的背景下进行的。

主持人首先询问了记者的具体位置,这是在向观众交代最基本的信息。紧接着主持人的问题围绕记者的报道展开,了解到记者在医院和灾民安置点附近,主持人先后询问了两个地方的情况。知道当地灾民已经吃过午饭,主持人接着追问晚饭是否有着落。这些问题都可以直接反映出当地保障物资供给情况,比直接询问"物资保障方面怎么样?"来得更接地气,而且彰显了人文关怀。接着主持人有意识地抛出了一个看似多余的问题:"你现在是在用手机和我们连线吗?"这个问题的答案主持人显然是知道的,但观众未必知道。之所以这样问,一来是向观众有所交代,二来是为下面的问题做铺垫:"我们听到声音比较清楚,可以判断当地的通讯已经全面恢复了吗?现在通讯的情况恢复得怎么样?"由此延伸而来的是下一个与通讯紧密相关的供电恢复情况的问题。

在这段连线中,主持人始终保持着对记者谈话内容的高度敏感,努力捕捉着谈话中的每一个细节。看起来询问的似乎只是些吃饭喝水的小事,但恰恰却是地震灾区的大事。只有保障了人民最基本的生活,后面的救援重建工作才能顺利展开。这段连线在没有任何准备的情况下,主持人顺藤摸瓜根据记者提供的有限信息逐一展开问题,不说空话套话,寥寥几个回合,就把灾区居民的生活状况展现给了观众。

第三节　训练稿件

稿件一

早安山东·新闻早评(片段)

新闻早评,关注舆论热点。

近日,福建交警官微发布了一名驾驶员收到的奇怪罚单,竟是"罚款0元、记0分"。这罚单还真不是随意开出的。根据新交规,驾驶一般机动车,在高速上行驶,低于规定时速10%的,或者驾驶中型以上客货车等,在高速公路、城市快速路以外的道路上,超速10%以内,给予"罚0元扣0分"的处罚。今天的《半岛都市报》文章评论说:看似"不痛不痒"的罚单,折射了规则善意,释放出了交管部门教育为主、惩罚为辅的执法用心。交警罚单的"无收入",不等于安全教育的"无用功"。不过不罚款不等于不用去窗口处理,否则会影响车辆年检。所以《半岛都市报》文章也提出,如果罚单最后一行,能注明"必须窗口处理",司机收罚单时,也有个预先提示,这人性化的罚单将会更加一目了然。

9号,谷歌开发的围棋人工智能程序"阿尔法围棋"挑战韩国棋王李世石,取得人机大战开门红。昨天,第二局,阿尔法围棋2:0再次战胜李世石。只要再胜一局,它就将获得整场比赛的胜利,围棋人工智能将首次战胜最顶尖的人类棋手。李世石的失败让不少网友发问:这是否标志着科技就能战胜人类智慧?该欢呼还是该绝望呢?《齐鲁网》的文章回答说:不要忘了,阿尔法围棋再强大,也不过是人类研制的超级计算机,它本身就是庞大科技团队集体智慧的结晶。尽管这次"人脑"输给了"电脑",但再强大的"机器狗"也不会变成我们恐惧的"狼",不管谁赢谁输,都是人类的胜利。

最近,有媒体曝出悲剧:一名10岁女孩模仿动画片《熊出没》中的光头强,用电锯将妹妹鼻子锯开,这出因儿童模仿动画片造成的悲剧,让很多网友震惊。类似的悲剧屡屡上演:一名2岁小男孩模仿光头强,用斧头砍伤自己手指;7岁男孩模仿光头强改造风扇,左手绞进高速扇叶;有孩子模仿《喜羊羊与灰太狼》玩"烤羊",两男童全身被烧伤……决不能再把动画片当"儿戏"了!《人民网》说:动画只是一种创作手段和表现形式,有给小孩看的寓教于乐,也应该有给成人刺激的娱乐。多年来,正是因为没有分级制,动画才被认为只是小孩子的玩意。是时候转变观念,实行动画片分级制了。亡羊补牢,为时未晚,在如此多的悲剧面前,监管部门有必要站出来,为制度做做加法了。

(山东卫视《早安山东·新闻早评》2016年3月11日)

训练提示:《新闻早评》是山东卫视《早安山东》节目中的一个版块,内容选自每天的新闻热点,梳理各大媒体评论观点,语言夹叙夹议,由主持人用说新闻的方式进行呈现。节目采取站播的形式,中景景别,后方大屏幕展示文字和图片等辅助信息。播读此类稿件要注意口语化表达与评论语言的转换,做到叙事灵动、有滋有味,评论深刻、回味悠长。

稿件二

说天下·新闻脱口秀

王浩:新闻脱口秀,

心悦:妙语说天下。

王浩:大家中午好,这里是辽宁卫视正在为您直播的新闻脱口秀节目《说天下》,

我是王浩。

心悦：大家好，我是心悦。

王浩：一放假心情就特别好，明天就是中秋，阖家团圆。不参加马拉松的大家就别出门了。

心悦：嗨，节目刚开始怎么就把大家关家里了，虽然我们的节目还挺好看的。

王浩：这不是给马拉松让路嘛，明天上午2015沈阳马拉松就要开赛了。这将是东北地区第一个由央视直播的大型城市马拉松赛。在沈阳马拉松元年，有没有高大上的感觉迎面而来。

心悦：确实这几年跑马拉松特别流行啊，咱们好多同事也到全国，甚至世界各地去跑马拉松，这回终于跑到家门口了，更得加把子力气。

王浩：沈阳与马拉松的第一次触电，不少大咖、马拉松爱好者来参加，当然，选手中不乏很多没有马拉松经验的朋友。

心悦：重在参与嘛。但是对于这些即将上场的新人来讲，我们还得多嘱咐几句，因为掌握一些基本的相关医疗知识是十分必要的。

王浩：是，接下来我们就请拥有丰富的马拉松医疗保障经验的专业医师给大家上上课。

（新闻片）

王浩：健康是最重要啊。跑马拉松是挑战自我，但出发点也是为了健康嘛。

心悦：是，沈马途中也有加油点，大家有兴趣也可以前往加油助威，但是，没什么重要的事咱们还是尽量避开这个时间出门，非要出门，先要弄清一大波的调流。

王浩：比如，沈阳地铁的北陵公园站将在8:30前封站，地铁2号线列车在8:30前将在北陵公园站越站运行，不停车。1号线和2号线其他车站不受影响。8:30之后地铁2号线全线正常运行。

心悦：另外，为应对地铁车站可能出现的短时大客流，沈阳地铁还制定了客运组织方案，将根据客流情况随时启动车站限流、出入口单进单出等应急调流措施。

王浩：大家乘坐地铁时注意观看车站告示，收听车站及列车内的广播。听从地铁工作人员的指挥，不清楚的地方可以拨打地铁服务热线：22662266。

心悦：另外，交警方面表示，明天沈马期间，赛道沿线两侧禁停一切车辆。公交方面，之前就已经确定有124条公交线路调流，今天又临时增加了交通管制区域，包括黄河大街、泰山路，又有106、136、242等13条线路加入公交调流。

王浩：出门前先问好。另外在沈马沿途还将临时安放110个临时公厕，赛道每2.5公里设置一个医疗点，总之咱们都为沈马让路，保障首届沈马顺利举行。

心悦:选手们也都加油啊!咱们栏目组那几位,一定要跑到终点哦。

王浩:《说天下》,来关注下面的新闻。说这两天,我看到一新闻,我的人生观都被一下子重刷了。

心悦:什么事啊,这么严重?

王浩:我说得不完整。我是说,我的喝酒人生观都被重刷了。

心悦:你这么一说我马上知道了,是不是说哈尔滨一饭店,被俩顾客消费了800多瓶啤酒的事?

王浩:对啊!你看这菜单上,就两盘菜:夫妻肺片、拍黄瓜,下面赫然是812瓶啤酒!对于一个平时还有点酒量的我来说,这812瓶,彻底重刷了我的人生观哪。

心悦:整了半天,你是觉得酒量跟不上,所以自愧不如对不对?其实,你是没仔细往下看这新闻。说他们是消费了812瓶啤酒,但没有全喝光。

王浩:我看到了,关键是看到这我更不理解了。这么多啤酒开了不喝,啥意思啊?

心悦:得,你也别光在这感慨,咱还是把这事简单给大伙说说。说就在23号中午,在哈尔滨的一家火锅店,来了两个客人,看着岁数不大。两人坐下后并没有吃火锅,起初只点了一盘夫妻肺片、一盘素拍黄瓜、几瓶啤酒,一直喝到晚上天黑,这期间又点了几次啤酒,一共喝了10多瓶。

王浩:从中午喝到晚上,就两盘菜,10多瓶啤酒,这喝得挺到位啊。但这还不算。大概是到晚上8点多,两个客人叫来服务员,让把饭店存货最多的啤酒都搬来。

心悦:现场的服务员以为客人在开玩笑,而这时客人却表示没骗人,可以先买单。于是,饭店服务员陆续搬来大约60箱12装的啤酒,就摆在饭桌左侧的过道上,摞起来约有半人多高。这伙客人还说:开!

王浩:开什么玩笑?

心悦:不是这句台词,就是一句明确的"开!"。于是,几个服务员一起不停地起酒,用了10多分钟把酒都起开了。就在这个时候,两名客人看了一眼现场,居然笑呵呵地到吧台结了账,之后就离开了。

王浩:这顿饭,两盘菜花了38元,6元一瓶的啤酒喝完的、没喝完的总共812瓶,总共消费量4910元。心悦,这事你怎么看?

心悦:说这事一出,引发不少议论。有人首先关心,这事是真的吗?是不是软广告啊?

王浩:据说有记者特地去问了饭店老板,说此事确实属实。咱就说说,这俩人不喝酒光开酒,是什么意思呢?

心悦:我个人觉得,除了能用喝大了来解释之外,没更好的解释了。但问题是,酒喝多的时候谁都有,但像这么霍霍的不多。

王浩:还有网友说,这饭店也不咋地,让你开那么多酒,你就一一打开。没错,你钱是赚到了,但这股子浪费劲,只能让人觉得,这老板不太厚道。

心悦:不喝酒光开酒,这事你咋看?欢迎观众朋友们关注我们的新浪微博——辽视说天下,说说你的看法。

(辽宁卫视《说天下》2015年9月25日)

训练提示:说新闻的表达样态多见于民生新闻,而辽宁卫视的《说天下》就是一档很好的民生新闻节目。通过稿件可以看出,整档新闻的口播稿处理得非常口语化,同时新闻和新闻之间的串联也非常巧妙。节目当中播新闻、说新闻、评论等不同的表达样态轮番登场,需要主持人积极调整好自己的主持状态。同学们在练习时,可以通过聊天找状态,寻找积极倾诉的感觉,但是又不能太过于散漫,要掌握好"内紧外松"的度,在放松的表达中讲清楚故事,表达明白立场,准确传达思想。

稿件三

第一时间(片段)

张静:早7点,问冷暖就在《第一时间》,就在这个周末的早上。你们好吗?我是张静。

周运:大家早上好,我是周运。今天是2016年的3月5号星期六啦,今天早上起来的时候呢纠结一问题,就是穿不穿秋裤啊?

张静:你穿了吗?

周运:嗯,真是脱了,我觉得今天已经到了惊蛰节气,这天应该是已经逐渐回升起来了。这温度温暖起来以后,觉得,哎,秋裤可以告别了。

张静:但是我自己的体会是,我今天是真的没有穿,然后走在上班的路上那是真心冷啊。

周运:还是很多人还觉得这春捂还是得捂一段时间,那不管怎么说呢,这个惊蛰节气我们以往的一句老俗语叫"到了惊蛰节,锄头不停歇",这个时候要忙碌起来。

张静:嗯!还有就是大家很关注的,你说这气温回升是不是就彻底暖和起来了呢?另外就是惊蛰这一天我们民间又有哪些习俗呢?稍后在节目当中我们会为大家详细介绍。

周运:嗯。今天呢我们首先来关注正在进行当中的两会的消息。昨天上午第十二届全国人大四次会议在人民大会堂举行了新闻发布会。

张静：嗯，大会发言人就大会议程和人大工作相关的问题回答中外记者的提问，我们来看一下记者现场发回的报道。

（新闻片）

周运：做一个重要的预告，根据已经公布的日程，第十二届全国人大四次会议将在今天上午9点在人民大会堂开幕，听取和审议国务院总理李克强关于政府工作的报告，审查《国民经济和社会发展第13个五年规划纲要（草案）》，审查国务院关于《2015国民经济和社会发展计划执行情况》和《2016年国民经济和社会发展计划（草案）》的报告，审查国务院关于2015年中央和地方预算执行情况与2016年中央和地方预算草案的报告，下午各代表团则将举行全体会议，审议政府工作报告。

张静：那么供给侧结构性改革呢，也是今年两会上的热点话题。供给侧改革不仅是创造新供给，还要调整供给的结构，而这样的结构调整，同样影响着我国的制造业，无人机是现在新兴的高科技产品，它最早都是使用在军事呀、科研等领域，但是随着这项技术的不断进步啊，如今无人机呢已经飞入了寻常百姓家。

周运：之前啊，其实欧美国家已依靠雄厚的科技实力几乎是垄断了无人机的市场，但是这些年呢，中国企业后发制人，也研发出来了一系列的高精尖的无人机产品，并且成功地打入了竞争激烈的欧美市场，我们来看看今天的中国品牌在海外的销售情况。

（新闻片）

张静：其实不仅在无人机方面我们拥有先进的技术，在大飞机的生产上呢，我们也有突飞猛进的发展。

周运：而且可能这个突破更大啊。随着国内巨大的消费市场的升级和国家对航空服务业的支持，眼下咱国家自主研发的大飞机正在助推着中国高端装备制造的发展，来看记者的报道……

（中央电视台财经频道《第一时间》2016年3月5日）

训练提示：《第一时间》节目中，主持人新闻播报的语言样态主要以播说结合为主。通过研究主持人口播稿可以发现，节目播出当天有两个新闻点：一是当天是中国传统节气惊蛰，二是正值全国两会召开。节气和百姓日常生活息息相关，而两会召开带来的政策性的改变则与百姓的政治经济生活息息相关。前者是软新闻，后者是硬新闻。这就要求在播报新闻时，软新闻"说"，硬新闻"播"。如何做好播说结合，将"说"的内容说清楚，将"播"的内容以受众更易接受的方式表达出来，就是主持人要下功夫的地方了。我们通过研究口播稿发现，口播稿语句都相对较短，而且有不少语气词帮助主持人找到"说话"的感觉。主持人在播报时两人眼神和肢体的互动也帮助其在表达上更好地找到"说话"的感觉。

稿件四

财富早班车·财富黄金档(片段)

大实话:我是大实话,凡事爱琢磨,净说大实话。

小金豆:我是小金豆,搜索新鲜事,消息包打听。

大实话:小金豆,你发现了吗?到了年底,又是各种总结铺天盖地的时候了。

小金豆:没错,什么年终总结、什么各种排行榜,还有什么《咬文嚼字》又收录了哪些年度热词等。

大实话:是,看来你也很关注这些呀!

小金豆:不关注也不行呀,就像你说的,铺天盖地而来,你一打开电脑、手机全是这个,你不看都不行。

大实话:也对,不过,我觉得有一个总结咱们必须得说说。

小金豆:什么总结?

大实话:就是有关咱们即将过去的2014年度经济热词。

小金豆:经济热词?那咱们是得说说,你看咱们是经济广播,咱们的节目又是《财富黄金档》,这和国家经济还有老百姓的经济生活是密不可分的呀!

大实话:有觉悟,这些经济热词看似很专业,但仔细一想又确实和咱们老百姓自己的生活息息相关,所以咱们今天就和大家说说这些热词。

小金豆:好!

大实话:今年流行的经济热词,反映出居民"衣食住行"新变化。有些改变正在发生,有些改变初露端倪。

小金豆:没错,咱们首先说说第一个热词,这个词可是我的强项,与你无关。

大实话:与我无关?什么热词?

小金豆:"海淘购物"。

大实话:知道我不上淘宝,鄙视我是吧?不过,眼下,个性化、多样化的消费渐成主流。2014年电商销售又创造了新纪录,仅天猫在"双十一"当天的销售就达到571亿元啊。

今年也是国家正式推进跨境电商试点工作后的首个跨境网购"双十一"。"海淘"被纳入"正规军",中国的消费者足不出户就可买遍全球。越来越多的进口商品进入寻常百姓家。

小金豆:今年流行的第二个经济热词是"房价止涨"。连年较快上涨的房价今年终于有所遏制。

大实话：我这里有一组统计数据：截至 11 月份，全国 70 个大中城市新建商品住宅价格连续 3 个月环比无一城市上涨，10 月、11 月，多地住房成交量创下新高。

小金豆：要不我青岛的朋友小李说"等了大半年，感觉可以出手买房了"。不过，与往年不同的是，今年楼市的降温，并非调控使然，更多是市场理性选择的结果。房价止涨甚至下跌的背后，是楼市整个供需结构的逆转。

大实话：楼市冷，股市热。股民万万没想到啊，临近年末股市会如此躁动。"卖房炒股"声四起，所以，"卖房炒股"也是今年的一大热词。

小金豆：是呀，11 月底以来，A 股单日成交新高被不断改写，甚至创下逾 1.2 万亿元的天量。时隔 44 个月后，沪指再上 3 000 点。有人在高速上停车炒股，有人戏称"猪被风吹起来了"。

小金豆：股市大涨，油价却 N 连跌，开车上下班的济南市民许先生近日收获"小惊喜"：同样加 300 元油，能比以前多跑好几天。

大实话：这个确实是，开车的朋友都有感觉，自今年 7 月，国际原油价格开始持续下行。截至 12 月 12 日，国内汽柴油价已是史无前例的"十连跌"，从"8 时代"一路跌入"6 时代"。

大实话：油价的连续下跌，也推动了 CPI 的环比回落。"油价 N 连跌"成为年度热词真是众望所归。分析人士认为，当前国内成品油零售价仍有虚高的成分，政府定价的色彩浓重，离市场化仍有一定差距。

小金豆：下面这个热词大家肯定深有印象，"APEC 蓝"！今年 11 月北京 APEC 会议期间，空气质量均为优良级别。那片罕见的蓝天，被网民称为"APEC 蓝"。

大实话：环境污染愈演愈烈，一些地方的蓝天净水已成奢侈品。"APEC 蓝"既是一种调侃，也反映了公众的期待。

小金豆："APEC 蓝"背后，则是北京、河北、天津等地汽车单双号限行、公车封存 70% 以上，而停产、限产的企业多达数千家。哪些"特事特办"的做法可以常态化？人们期盼"APEC 蓝"成为"新常态"。

大实话：聚焦社会热点，

小金豆：透视经济生活。

大实话：今天的《财富黄金档》就到这里。

（山东经济广播《财富早班车·财富黄金档》）

训练提示：《财富早班车》是山东经济广播的王牌节目之一，是非常专业的经济新闻广播节目。但是由于财经新闻经常用到很多财经术语，所以往往会让普通的受众有距离感，想了解却听不懂。如何让财经新闻更加口语化，更加贴近老百姓的普通生活，考验的就是节目主持人对稿件的改写和播说结合的功力了。在处理类似稿件的时候，首先应该将专业化的新闻加入自己的理解，改写成比较浅显的、大众能够听明白的话语，然后再在重音、停连等处理正确的前提下，用对话聊天的感觉进行表达。

稿件五

新闻晚知道(片段)

孟洋：一身汗：大货车转弯，电瓶车卷入车底，后座孩子死里逃生。

林晨：露一脸：谷歌推出刷脸支付对抗苹果移动支付。

孟洋：赶紧走：特朗普赢得超级星期二选举，加拿大移民官网瘫痪。

林晨：终结者：新赛季中超联赛周末开战，哪支豪门能把恒大拿下。

孟洋：谁说事事要趁早，后知后觉自逍遥。欢迎收听《新闻晚知道》，大家好，我是孟洋。

林晨：各位晚上好，我是林晨。

孟洋：我们在一起就是"梦想成真"！

孟洋：昨天啊，我们在新闻里说了一个事儿，在法国啊，父母给孩子拍照晒朋友圈。

林晨：这是犯罪啊。

孟洋：但是这个新闻呢，咱们国内媒体有点儿过度解读。

林晨：怎么了？

孟洋：准确的说法应该是，这得等孩子长大了以后，翻回头来，他告你，才会判处处罚。既罚钱，也能判刑。那为什么这两天这个事儿又被拿出来了呢？这可不是一个新的法律，是因为最近啊，有一个美国网站在法国发起了一个活动，就是让这个母亲啊拍孩子照片，拍3张发网上，同时呢，你联系10个母亲也这么干。

林晨：哟，这还跟发展下线似的。

孟洋：像传销对吧，这是一个美国的叫作"挑战妈妈"的网站。有这个活动之后啊，法国宪兵队才出来把以前的规定再讲一遍，跟你说，你们得注意，等他们长大之后，可能你就犯法了。那为什么说最好不要晒孩子照片呢？因为主要有两个方面的原因：一个是孩子自己的原因，就是长大之后他可能回过头来觉得会不舒服。

林晨：人家不愿意晒，你凭什么把我小鬼脸发网上啊？我同意了吗？

孟洋：是吧，你凭什么把我在海边穿小泳装发网上啊，这是第一个。第二个可能是环境方面的原因，这里边也有两个问题：第一个，可能有些商业机构，会把你孩子的照片盗用，因为你的照片一旦到社交网站上啊，就没有任何的名誉权设防了，谁都可以转发；另外一个，还有就是更可怕的，有一些变态啊，恋童癖，他可能会把孩子照片拿过来之后拼接,发到一些色情网站上。

林晨:这对孩子也是一种伤害啊!

孟洋:对啊,所以说,人家宪兵队说了,不能干这事儿啊,你说这孩子的事儿大人都得上心,是不是?这两天还有一个孩子的事儿,我不知道你知不知道,在山东,有一个大人把一个小孩儿给揍了,东营游乐园。

林晨:我知道那事儿,网上不是传叫人肉渣男嘛,把那男的后来人肉出来了。

孟洋:怎么回事儿呢?好像就是这一男的有一女儿,被打的是一小男孩儿。这妈妈带着儿子,这爸爸带着女儿去游乐园玩,好像小男孩有点淘,跟他这姑娘之间有点小摩擦,拌了这姑娘一下,还是怎么着了。

孟洋:这爸爸一下气了,上去就把这孩子噼里啪啦揍一顿,揍一顿之后就被发到网上了。现在警方也处理了,当然今天啊,妈妈出来说话了。

林晨:说什么啊?

孟洋:妈妈说了这么一段话,她说:"感谢正义朋友的关心,感谢干警的得力调查,依法处罚是公正的,但是我也希望所有的人理性关注这个事件,不要伤害到这个男子的家人,也不要相信谣言,只要他道歉认错,同时感恩社会,希望单位和朋友能再给他一次机会。"

林晨:深明大义啊!

孟洋:他伤害了孩子,辱骂了我的家人,但为了他的孩子和他的家人能过正常的生活,我想选择宽容。

林晨:说得太好了,我给这妈妈点赞,要是换我,我不那么做,还是得让那种人受到惩罚。

孟洋:当然今天我们在微信公众账号上推的小视频,也跟孩子的安全有关。

林晨:确实!

孟洋:这说的是浙江有一位父亲骑着电瓶车,后座带着孩子,在红绿灯路口等着绿灯走,旁边是一辆拉小轿车的大货车。结果红灯变绿灯,这个父亲是要左转,大货车右转,父亲没动,大货车一拐弯,不得了了,这拐弯拐得太猛了,直接把这车刮倒了,轧过去了,这父亲想抱这孩子,来不及了,连车带孩子全部滚进大货车底下了,父亲赶快跑,跑到车头敲门,最后幸运的是这孩子又爬出来了。这孩子爬出来以后,还指货车里面的人,这孩子好奇心强啊!

林晨:我这就想起来前几天咱们说过的,孩子从车后面掉出来,马上爬起来就跑,现在小时候基因比咱们小时候好!

孟洋:但是这事多悬啊!

林晨：太危险了！

孟洋：大家行车一定要注意，注意点什么？后半时段我们来聊聊。

（北京交通广播《新闻晚知道》2016年3月4日）

训练提示：北京交通广播的《新闻晚知道》是一档典型的说新闻的广播新闻节目。由于广播新闻节目主持人通常是自己组织稿件、编辑稿件，所以较电视新闻节目主持人来说对节目的掌控力更强。通过主持人口播稿我们可以看出，主持人基本上就是用聊天的方式将整个新闻呈现给听众，在调侃和对话中将新闻细节和观点表达出来。

在三条新闻的串联中，主持人事先将三条和"孩子"有关的新闻编辑在了一起，然后找到了并列的逻辑关系，再分别用一句话串联。由于三条新闻具有内容的相似性和相关性，所以这样的抱团"说新闻"丝毫不会让听众觉得生硬，而更像在"听相声"，有说有评，节奏明快，话题"黏合度"非常高。

稿件六

早安山东·新闻早评（片段）

《新闻早评》，关注舆论热点。每年两会，"部长通道"都会成为受到各界高度关注的沟通平台。这条通道，其实就是人民大会堂北门，一段铺着地毯、大约100米的通道，国务院各部委主要负责人都会通过这条通道进入会场。今年两会，截至目前，住房和城乡建设部部长陈政高、卫生计生委主任李斌等多位部委领导，都在"部长通道"上，对当前房地产市场、打击号贩子等公众关注的民生热点，面对记者的提问进行解答。这不长的"部长通道"，在各方努力下，被打造成互动沟通、发布信息的重要平台。

离麦克风越近，离监督越近，离民意也就越近。新华网评论说，从媒体追问部长，到部长主动回应热点，"部长通道"上问答细节的点滴改变，体现着中国特色社会主义民主政治的发展进步，向全世界展示着中国自信和开放的脚步。

继续关注两会。工匠，曾是中国人数千年日常生活中须臾不可离的职业，工匠虽已淡出现代人的生活，但他们代表的精益求精、推陈出新的精神却永不过时。"工匠精神"，一个充满传统色彩的词汇，写入今年的《政府工作报告》。

新华网的文章说，弘扬"工匠精神"将带动中国从"制造大国"走向"制造强国"，促进企业精益求精、提高质量，使认真、敬业、执着、创新成为更多人的职业追求，让"制、智、质"成为中国名片。

中国新闻网的文章说，经历30多年粗放、高速的发展，中国企业已脱离"人无我有"的低端竞争状态。中国经济需要适应一种慢一些的节奏，企业要培养细一点的耐心。不为外界所扰,按既定目标,把中国的事情做好,"工匠精神"是回应各种质疑的最好答案。

好了,今天的《新闻早评》就是这些内容。接下来,看看热心观众给《早安山东》微信公众号的留言。

(山东卫视《早安山东·新闻早评》2016年3月7日)

训练提示:新闻评论类节目的主持人传达的是媒体或主持人对某一事件的立场、观点,有立场才有观点,有观点才有评论。这就需要主持人在表达时将重音体现得更加清晰,敢停敢连,语调略高,并且面部表情、肢体动作也都应该积极配合表达的内容,作出相应的调整。

稿件七

留美学生凌虐同学案量刑启示(片段)

片　头:绑架罪、攻击罪、严重人身伤害罪。轰动一时的中国留美学生绑架凌虐同学案,3名成年学生首先获刑。判定结果最终正式宣判是在2月17日。参与绑架的还有3名未成年学生。本案一共12名被告,其中6名被捕,3名成年人、3名未成年人;其他人都在逃。长达半年多的司法程序,令人有些意外的判决结果。《新闻1+1》今日关注:留美学生凌虐同学量刑启示。

白岩松:您好,观众朋友,欢迎收看正在直播的《新闻1+1》。我们先可以做一个想象啊,假如说有几个相当于高中的学生,对他们其中的一个女同学感觉不爽,争风吃醋,然后把这个女同学叫出来了几个小时时间,这几个同学就把人羞辱了一顿、虐待了一下。结果会是什么呢,开除?也有可能判刑,但是我们听到的这方面的这种信息并不是很多。但是如果我们把这个故事给复原到美国,去年的《新闻1+1》关注过这样的一件事情,就是在美国几个中国的中学生、留学生哈,然后对另外的一个同学感觉不爽,争风吃醋,就把她叫出来了,进行了长达7个小时的虐待,用了很多的方法,没想到美国的警方呢就把他们给弄起来了。然后呢,法院就要开始判了,当时有一个传言说有可能判终身监禁。好多人都觉得,这怎么可能呢?不就是校园暴力嘛。我们来看看这两天传出的最新消息。

3名被告,这3位啊(翟云瑶、杨雨涵、章鑫磊)已和检方达成了认罪,请注意啊达成了认罪减刑协议,然后是多少呢,他们将分别获刑13年、10年和6年。三人服刑期满后将被驱逐出美国。

想要再回美国呢,可能性不大了。这里面特别值得关注的是达成了认罪减刑,正是在认罪减刑的情况下才获刑了 13 年、10 年和 6 年。我想这一个刑期之重可能出乎好多人的预料,但是这还是在认罪减刑之后。好了,接下来我们就来关注一下这起案件,它究竟会给我们一种什么启示呢?

(新闻片)

白岩松: 其实让人感觉非常惊讶的还包括,这个案件刚一开始,一开庭的时候呢,这几个被告还显得很不在乎,甚至被称为表情演员。因为他们一会儿去瞪原告,一会去瞪其他的人,等等,表情显得他们的心态很轻松,可能他们当时没当回事,但是如果他们要知道后来是需要减刑,达成协议还要判 13 年、10 年的时候可能就不会有那样的表情了。而且中间有一个细节,有一个中国的父亲去了之后行贿,希望能用钱把这件事给买断,结果呢?当然他又犯了罪了。好了,接下来我们看看他们被指控的罪名。包括绑架罪、攻击罪、严重的人身伤害罪,后来折磨罪取消了。幸亏这个指控取消了,要是不取消的话,判得也就更重了。而这个绑架罪最后也出乎他们的意料,我只是把她给叫出来几个小时修理她一番啊。但是你限制了人身自由啊,这就是一个对绑架罪该如何理解的问题。好了,看看我们的网友对这么一个不是终审的判决啊,这种量刑怎么看,参与的人数可不少,一共是 17 780 人啊。看看 72% 大约 3/4 认为大快人心、罪有应得。还有 24% 认为判轻了应该终身监禁。也就是说,非常认同这个判罚的加起来能够达到 96%,而认为判重了的只有 1%,另外呢是无所谓等这样的看法。但是这 96% 非常反映此时此刻很多人对于这样的年轻人包括校园暴力越来越不能忍受的一种态度。好了,接下来我们回到这个案子本身,一共涉案是 12 人,受害者 2 个除掉,然后 3 名成年人刚才有 13 年的、10 年的。接下来会比较关心这 3 名未成年人,但是在美国的法律之中对未成年人的审判要有单独的法庭。而且对成年人的审判呢陪审团起到一个非常重要的作用,但是在未成年人的审判之中法官起着绝对的重要作用。他可以决定是不是要转到成人法庭当中,如果罪行比较重的话有可能转。那么现在据我们记者了解到呢,这 3 名未成年人对于他们的隐私各方面的保护,我们知道的信息不多,也跟保护未成年人的信息相关。但是其中有一位男性的未成年人承认两项使用武器攻击他人的罪名,有可能被判 7 到 9 个月少年改化院的改造。另外还有一位女性未成年嫌疑人因为涉案不深并且认罪态度良好可能是庭外和解了。但这只是记者了解的相关信息,这背后是对未成年人的保护。好了,了解了这样的一个案子,而且是隔着大洋的案子的一个初步结果的时候,我们得拿它当一面镜子照照我们自身。其实在过去的这些年里,在我们的身边校园暴力可一点不少,今后我们该如何去进行相关的司法调整,或者说大家的态度又该发生怎样的转变呢?

(新闻片)

白岩松：有很多的校园暴力，包括年轻人之间的这种暴力，社会之所以知道，不仅仅是因为有了暴力本身，而是在于他还要炫耀，自己拿手机找人把他拍下来，还要上传到网络上去，给别人看，这反映在很多施暴者的内心完全没拿它当事儿，甚至是当"好事"去看待的。我们来看一看有这样的一个调查啊，2010年中国青少年研究中心对10个省市的5 864名中小学生的调查显示，32.5%的人偶尔被欺负，6.1%的人经常被高年级同学欺负，然后49%同学承认对其他同学有过不同程度的暴力，有87%的人曾遭受到其他同学不同程度的暴力行为。好了，接下来我们就联系一位专家：上海政法学院刑事司法学院的院长、教授姚建龙。姚教授你好。

姚建龙：你好，主持人你好。

白岩松：首先你怎么看待？其实关注了一段时间，我们的留学生在美国可能觉得就是同学之间我欺负欺负她嘛，修理修理她，但是却酿成了有可能是在减刑后还有13年、10年这样的刑期。

姚建龙：像美国的这个案件，在美国的刑法规定中属于重罪，应该说在不进行辩诉的情况下会受到更加严重的处罚，也就是说最高刑罚可以罚到终身监禁。在我们国家，很多人就会觉得类似的行为在现实生活中经常发生，但是并没有受到非常严重的处罚，一个非常关键的原因啊就是很多案件的施暴者没有达到服刑的年龄，或者说最后他们所造成的结果没有造成受害人重伤死亡，或者轻伤的一个后果。所以并没有进行刑事处罚，这也可能是我们国家法律上的一个漏洞。

白岩松：但是它接下来应该给我们一个什么样的启示呢？刚才透过很多数据显示，其实我们校园暴力的问题还是很多，是不是校园暴力这样一个相对温柔一点的字眼，就遮蔽了很多法律的惩处？

姚建龙：是这样的，我觉得校园暴力啊，可能在很多人看来，我们中国孩子在成长过程中都遭受过类似的行为，甚至很多人认为这是一个习以为常的现象。但是我觉得特别要指出的一点是，这类行为在法律上有个非常明显的界限，就像是类似于美国的这一起案件在我们国家也会受到相关的刑法的处罚。比如说我国的刑法中有故意伤害罪这一个罪名，还有强制侮辱罪、强制猥亵罪等这些罪名。比如说故意伤害罪的最高刑可以达到死刑，强制猥亵罪、强制侮辱罪这样的罪行可以达到15年有期徒刑。如果说美国的这起案件放在中国，因为这3名被告是成年人，放在我们国家，我估计也会遭受到比较严重的刑法的处罚，应该在5年到15年之间的有期徒刑。

白岩松：接下来还有一个学校责任的问题，比如说校园暴力在学校真实发生的时候，我们有很多的学校教育机构呢选择了息事宁人，内部解决或者处理这样的一个结果。但是在美国的法律当中，如果在校园里发生了这样严重的校园暴力，你要是敢不报警的话,你就是违法,之后这一点在我们依法治国的背景之下,学校应该是一种什么样的态度来面对校园暴力?

姚建龙:我认为这个问题非常关键,就是在美国的法律中啊,它把学校叫作责任方,也就是说校方作为关系主体,如果说学生遭受了校园欺凌不帮助的话,那么学校都是要分担法律责任的。我们国家在相关立法中也有类似的规定,但规定并不是很明确,尤其关键的是如果校方还是息事宁人的话,它并不会受到相关的法律责任的追究,或者说两相权衡它才去用息事宁人的方法,可能更有利于校方利益,这就是我们国家法律中需要反思的一点。

白岩松:你接下来觉得这一方面是否要进行相关的调整,或者说新的解释呢?

姚建龙:我觉得这个案件对我们国家的启发非常大,首先一个就是青少年行为无论是成年人还是未成年,法律应该给他发出一个非常明确的界限。像这起案件如果发生在中国,在法律上不是一个非常严重的问题。如果要是成年人的话,在我们国家的法律还是比较严重的,但我们国家立法中有一个非常大的漏洞,对未成年人发生了校园欺凌的行为我们国家并没有一个非常好的措施,所以我们短片中播放的案件都属于这一种情况,是因为他们的刑事责任年龄没有达到,我国的立法缺少有效的干预措施,这就是我们国家为什么对这起美国的校园暴力事件如此关注的主要原因。而且我也特别注意之前报道终身监禁这种刑罚,的确是这样的。如果我们国家没有这种刑罚,如果我们国家不在这个环节上做一个非常重大的调整,那这类行为就是不可能避免的。

白岩松:接下来我们继续关注我们身边的孩子如何通过这种法律相关的调整使这样的未成年包括成年人之间的暴力减少。

(新闻片)

白岩松:不是美国所有东西你都敢拿过来,比如说股市的那种垄断的机制。但是,比如说涉及未成年这一方面教育,包括法律方面的相对空白,世界上很多国家的做法值得我们照照镜子,因为对于我们来说也是一个很大的挑战。这个问题呢马上就要继续连线上海政法学院刑事司法学院的教授姚建龙。我们的刑法在未成年人保护方面14岁以下就是不承担任何责任,14到16岁除非你特重才会承担刑事责任。但是在这里留下了大量的空白的空间。这种议论的声音也很大,您的态度是?

姚建龙:是这样的,我觉得美国有一点特别值得我们去借鉴。如果你的刑事责任年龄没有达到,但是如果说你的犯罪的恶性程度非常严重,所以说法官就可以决定放弃管辖权的这样一个机制,把这个未成年人当成一个成年人对待。这一次这个留学生事件法庭争论的焦点在这里,对于这3名未成年人将如何去处理,如果法庭判断这3

名未成年人的凌虐性非常恶劣的话,这3名未成年人有可能会被当成成年人一样处罚。我们国家在现行的法律中缺少这样一个体制,这是一点。但是第二点我觉得还需要注意,处罚这一方面并不是最有效的抵制成年人犯罪的方法,可能还是需要坚持教育感化挽救的方针,我们需要去完善以教代行的机制。

白岩松:好,非常感谢姚教授带给我们的解析。的确呢,面对未成年人的犯罪如何去关注他、教育他、感化他,对于我们来说还是一个非常大的挑战,我们需要去思考。

(中央电视台《新闻1+1》2016年1月7日)

训练提示:白岩松是中国新闻评论节目主持人的标杆。他的评论之所以成功,一方面由于表达清晰,另一方面由于思维缜密。同学们在练习新闻评论时,一方面要找准评论的表达方式,注意重音、停连和层次的处理;另一方面,要多看、多学、多写关于评论的文字,从思维上进行训练,这将更加有助于对新闻事实的理解,让表达更加清楚。

思考与练习:

1. 新闻节目主持人都有哪些表达样态?
2. "说新闻"和"播说结合"分别具有怎样的表达特点?
3. 如何将一篇文字新闻稿改写成口播新闻稿?
4. 新闻节目主持人应当具备怎样的素质?
5. 新闻串联词创作有哪些技巧?

第二章　生活服务节目主持

教学目标：了解生活服务节目的形态和主持风格，掌握生活服务节目的主持技能。
教学重点：生活服务节目的类型和语言特点。
教学难点：生活服务节目主持人的风格定位及业务提升。
课时分配：12课时。

第一节　理论概述

一、生活服务节目的概念

生活服务节目是指那些以百姓的日常生活或活动为主要关注目标，并为其提供困难帮助、理论提示、技术指导、知识普及等一系列服务的节目总称。生活服务节目所涵盖的内容非常广泛，不论在电视台还是电台节目中，生活服务节目所占的比重都是最大的。

生活服务节目由百姓最为关心的衣、食、住、行、用生发而来，既包括普及各类知识的，如经济、法律、人文、地理等节目，又包括提升百姓生活质量的，如美容、时尚、保健、养生等节目，还包括针对特定人群而制作的，如旅游、汽车、家居、房产、理财等节目。

二、生活服务节目的发展

随着时代的进步、节目定位的精确和数字电视的发展，各类节目已经不满足于以独立栏目的形式出现了。在各种创新和改革中，专业性很强的频道相继产生，比如新闻频道、综艺频道、音乐频道、体育频道、电影频道、国际频道、少儿频道等。定位于生活服务的专业化频道也不在少数，如山东电视台生活频道、北京电视台生活频道、上海生活时尚频道、杭州电视台生活频道、旅游卫视、江苏靓妆频道、青岛电视台中华美食频道、湖北电视台孕育指南频道、中国气象频道等。国外频道的专业化更强,划分更加细致,比如美国生活时间女性频道、家庭与园艺频道、宠物频道等。国内现阶段涌现的高收视率的节目有不少都采用了国外的模式。

三、生活服务节目主持人的语言特点及分类

在纷繁复杂的生活服务节目中,想严格地归类或者寻找共性规律和主持特点是比较困难的。节目的定位、宗旨、内容、形式、对象等构成元素制约着主持人的语言风格,同时,主持人的定位及语言风格又影响着节目的品牌形象,二者相辅相成。以下将从几个方面重点分析生活服务节目主持人的语言特点。

1.轻松愉快型

生活服务节目就是凸显百姓生活和为百姓服务的节目,内容多数是愉快的,但是根据节目的性质和定位,主持人的语言表达会略有差异。旅游节目、美食节目、家装节目的主持人语言大都属于轻松愉快型,比如旅游卫视的《有多远走多远》《玩转地球》、山东电视台的《快乐生活365》、中央电视台的《天天饮食》《美食美客》《三人餐桌》、上海生活频道的《人气美食》、中央电视台的《交换空间》、杭州电视台的《空间大挪移》等。

旅游节目中,主持人多以轻松愉快的状态出镜。服装色彩艳丽、款式休闲、搭配随意;情感上注重引领感和带入感——引领受众走进画面,共同享受青山绿水间的惬意时刻;声音明亮、节奏明快、语势长扬、语速适中、悠闲自在,时而带有神秘感,时而带有幽默感。

美食节目中,首先,主持人要储备大量的形容味道的词语,避免只用"好吃""太棒了""超赞"等简单的语言来形容不同美食的味道或口感。其次,主持人最好能烧得一手好菜,并对各种材料的营养搭配以及烹制方法有一定的了解,避免在主持节目时总是一脸无知,或者提出过于幼稚的问题,甚至无法和被采访者进行顺利的、平等的沟通。最后,主持人面对美食既要体现对食物的真实视觉、嗅觉与味觉,也不能太过刻意而显得做作。既要照顾受众对未知美食的心理渴望,又要用准确生动的语言形容出食物的味道和口感,与受众一起分享美食带来的快乐。

家装节目也越来越受到受众青睐,不论是主持人还是房主,在装修房子的过程中,心情都是愉快而轻松的,并且充满了期待。

2.速度激情型

和轻松愉快型略有不同,充满激情和爆发力的夸张的表现方式多见于汽车节目,

比如英国收视率最高的节目 *Top Gear*。但是国内的汽车节目似乎缺少了激情的状态，过于平淡和轻松，缺少个性的张力，比如北京电视台生活频道的《我爱我车》、上海生活频道的《汽车时代》等。

随着社会的发展，汽车逐渐普及，人们习惯把速度与激情和汽车联系起来。做汽车节目的主持人，如果没有激情、没有对车的热爱、没有丰富的驾驶经验，那么节目一定会乏味无趣。因此，做汽车节目的主持人，要情绪饱满、激情四射。

在英国汽车节目 *Top Gear* 中，不管是女主持人还是男主持人，不管是介绍汽车的性能还是试驾，都充满了对汽车的热爱和激情，节目的节奏相当紧凑。主持人的语速以及背景音乐都体现了汽车的速度感，主持人极其丰富的表情也使节目充满了活力，引领受众体验一次又一次的速度与激情。

3. 耐心讲解型

生活服务节目立足于服务大众，为其提供生活上的种种帮助，自然少不了健康养生节目。如中央电视台的《中华医药》《生活圈》、中国气象频道的《四季养生堂》、青岛电视台中华美食频道的《养生馆》《中华美食大讲堂》等。

生活节奏的加快使处于亚健康的人越来越多，健康养生节目应运而生，而且深受欢迎。但是，同时也出现了具有产品推销性质的节目，这就需要广大受众慧眼识金，甄别出权威的健康养生信息，选择优质的健康养生节目来观看和借鉴。

目前，健康养生节目有主持人演播室内讲解并配有画面解说的形式，也有观众参与的互动性较强的形式，效果各有不同，异曲同工。对演播室讲解型的主持人来说，耐心细致是必不可少的。除了要准备大量的关于健康养生的知识以外，还要能够以亲切温和的方式不快不慢地讲解清楚，并且让人信服。互动性较强的节目对于主持人的要求更高一些，除了讲解之外，主持人还要对互动中可能出现的关于健康养生方面的新情况、新问题做好功课，才能保证互动顺畅、沟通愉快，避免在舞台上尴尬，降低自己的可信度。

4. 简洁明快型

在大多数情况下，生活服务节目或者其他类型的节目，都要求主持人语言简洁、明快、顺畅，但是天气信息节目、理财服务节目等，对主持人的语言基本功的要求更高。如中央电视台的《天气预报》、杭州电视台的《生活气象站》、南京电视台的《快乐理财》、杭州电视台的《财富大赢家》等。

在天气预报中会出现大量的地名，或者以某地点为参照物的不同方位的信息，这就要求主持人要在语速比较快的情况下，可以流畅地交代清楚不同地点即将出现的天气信息，做到信息传达准确无误、简洁明快。

5.时尚魅力型

对于爱美的人士来说,时尚节目是他们的最爱,比如北京电视台生活频道的《魅力前线》《时尚装苑》、上海生活时尚频道的《时尚东方》《超级模特》等。

这类节目的主持人,自身应该就是时尚的宠儿,能够引领时尚的潮流;形象超凡脱俗,由内而外散发时尚的气息;语言独特,个性张扬充满魅力;表情自信、大方端庄,眼神时而奔放、热情似火,时而神秘、千娇百媚。

6.排疑解惑型

在百姓的衣食住行中,经常会碰到难以解决的困难或者纠纷,强烈需要一个合适的途径来解决问题或提出申诉,抑或学习某些专业知识用以判断是非曲直。那么,这种强烈的需要在大传媒时代必然会催生出各种调解类节目。该类节目内容一般涉及家庭矛盾、家装纠纷、消费者权益、法律常识、交通出行等。如中央电视台的《生活提示》《为您服务》、北京电视台的《快乐生活一点通》、南京电视台生活频道的《南京质量报告》、中央电视台的《撒贝宁时间》、北京电视台的《档案》、山东电视台的《齐鲁消防》等。

调解类节目形式多种多样,有主持人和专家在演播室直接调解的,有主持人讲述事件再加画面补充的,有直接在现场进行沟通协商的,也有把现场"搬到"演播室的,等等。这类主持人除了要具有一般的主持基本功和相关专业背景之外,还要有极高的情商,才能做好答疑解惑和调解纠纷的工作。

7.角色扮演型

在节目中,主持人灵活地变换身份感,演绎各种角色以配合节目的内容,已经很普遍了,如中央电视台的《金龟子城堡》《动物好伙伴》《三星智力快车》、河北卫视的《家政女皇》等。这类型的节目要求主持人:首先,性格必须开朗活泼、随和大方;其次,要有一定的表演基础或者天赋,感情细腻而善于观察;最后,反应敏捷快速,语言组织能力强,即兴口语表达好。

8.灵活机智型

因为生活服务节目丰富多彩、形式多样、内容涉及百姓生活的方方面面,所以主持人的语言表达特点不是以上几种类型就能完全概括的。这里把那些没有被概括到的主持人语言的特点全部归入到灵活机智型,比如中央电视台的《亲密爱人》、江苏卫视的《非诚勿扰》、天津卫视的《非你莫属》等。

主持人可以开怀大笑,可以耍酷调皮;可以慷慨激昂,可以泪如雨下等。主持人要根据节目的需要和现场的情况,伺机而动、灵活处理。主持人只有全程参与节目前期的策划与准备,充分了解节目的定位、形式和预期效果及目的等,才能较好地把握主持人的位置,出色地完成主持任务,给受众呈现一档优质的节目。

第二节　示例分析

示例一

劲爆香辣虾(片段)

王雪纯:经典中国香,地道十三香,王守义十三香独家冠名播出的《天天饮食》,我们今天和屈浩屈大师来学做一道劲爆的菜。

屈　浩:劲爆香辣虾。

配　音:15分钟让您学会川味菜肴的秘籍,掌握好各种配料的比例,您也能做出滋味霸道的劲爆香辣虾。需要准备的主料:海白虾,辅料:黄豆芽,调料:桂皮、八角、干辣椒丝、红油、辣椒酱、香辣牛肉酱、白酒、老姜、紫苏。

王雪纯:今天这个就是味道十足。

屈　浩:对。

王雪纯:虾呢,还是选的海白虾。

屈　浩:海白虾,对。因为我们自己在家里吃嘛,自己得对得起自己,一定要选好食材。首先呢,这个虾呢,一定要把什么虾眼睛,有人光去到这不行,一定要把虾眼睛去掉。这样呢,一是虾眼睛不好吃是吧?

王雪纯:另外,他们说虾眼睛里面,有水分,有时候你要去炸它或者煎啊,它就会容易爆,比较危险。

屈　浩:对,容易爆。然后把里面的这个腿啊爪啊,我们给去掉。去掉完之后呢,这一个细节,就是一定要把它那个虾枪后边这儿,就在这个虾枪根的位置上,藏了一个脏的东西,它就是沙包。所以,这个剪子,你看见没有,一定要从这儿轻轻地切进去,切进去然后剪刀往里一挑,看见没有,这沙包就出来了。

王雪纯:原来我还是操作错了!我是顺着虾枪剪的,那不行哈?

屈　浩:那不行,你看这沙包出来了,把沙包去掉。

王雪纯:啊……就这么个小东西。

屈　浩:然后我们再从后背轻轻地把它剪开。

王雪纯:这个是为了挑长线?这个一般都知道。

屈　浩:你看,这个就露出来了,这个脏东西一拎出来就行了。这个黑的。

王雪纯:嗯对,就出来了,干净了。

屈　浩:我们加工好了。

王雪纯:行,再来一只……

王雪纯:虾处理完了以后怎么样呢?

屈　浩:然后我们切一点点葱姜片。

王雪纯:虾用不用腌它一下呢?

屈　浩:嗯,虾待会我要腌。

王雪纯:好,那我拿一个大碗。

屈　浩:嗯,切点葱姜,来个大碗。然后呢,我们虾要放在一个碗里头,一会要腌制入味。怎么腌制入味呢?首先我们要用什么啊?用这个臼子把这个老姜,带皮的老姜,我们给它简单地拍一拍。

王雪纯:我们以前只见您用这个捣过蒜汁,今天我们是要捣姜汁是吗?

屈　浩:对,简单地切成大块,捣姜汁了。

王雪纯:屈师傅,这个时候为什么一定要用这种复杂的、费力的办法弄出姜汁来呢?

屈　浩:这样呢,它原汁原味,老姜的味道很浓。

王雪纯:比较辣啊。

屈　浩:老姜的味道很浓,它能够有效地去除虾里边的那些异味。臼子,我们来捣一捣。

王雪纯:要不这个力气活我来?

屈　浩:你来,你行吗?小身子骨行吗?

王雪纯:行,我这几天专门为这个练习了一下。

屈　浩:练了一下?行,那你来!

王雪纯:您来做更重要的工序,接下来还有。我们捣出来姜汁之后呢?就用来腌虾?

屈　浩:对,腌虾。

王雪纯:腌虾是只用姜汁吗?

屈　浩:用点姜汁,来点料酒,我们再来点盐,让它有一点基本的味道。

王雪纯:姜汁要捣到一个什么感觉呢,屈师傅?现在的确是已经有了汁水的声音出来了。

屈　浩:对,它已经碎了。

王雪纯:要捣成什么样啊到底,捣成泥啊?

屈　浩：对，把它捣碎了。完了我们把它盛入这个碗中了。

王雪纯：你看，别看是一块老姜，它的汁水还是挺多的。

屈　浩：这个姜不是特别老，特别老的，出不了这么多汁了。

王雪纯：如果碰上一块特别干的，捣完以后不出汁呢，怎么办呢？是不是得再来一块啊？

屈　浩：再来点水就，加一点水就可以了。

王雪纯：噢，其实这都是可以协调的。

屈　浩：这样呢，我们把这个汁倒进去，用纱网子滗一滗，让它只取这个汁，挤一挤出了汁，这就齐活了，味道就出来了。

王雪纯：嗯，这第一个劲爆就完成了。

(中央电视台《天天饮食》2015年12月31日)

示例分析：（1）主持人以轻松愉快的语言开启本期的美食之旅。这一期的《天天美食》，主持人在言语中着重体现了清新甜美的风格。主持人和屈大师先是用轻松活泼的对话开场，然后通过简短的小片，一一介绍这道菜的用料选材。小片播放完后，主持人开门见山，紧接着就开始处理食材。两人一唱一和，把本来很单调的食材准备过程变得饶有趣味。值得一提的是，王雪纯的提问完全是日常交流的感觉，毫无刻意准备之嫌，在不经意间引领着节目的进程。对于准备食材的过程中观众可能不明白的细小的环节，主持人都恰当地进行提问。比如：

"虾处理完了以后怎么样呢？""虾用不用腌它一下呢？""屈师傅，这个时候为什么一定要用这种复杂的、费力的办法弄出姜汁来呢？""腌虾是只用姜汁吗？""如果碰上一块特别干的，捣完以后不出汁呢，怎么办呢？是不是得再来一块啊？"

在节目中，如果涉及对话交流，最忌讳的就是刻意提问，在不恰当的时机，提出事先已经准备好的问题。

（2）以真诚亲切的表情、恰当形象的体态语，面对摄像机，面对观众。王雪纯有着较为甜美的邻家女孩的形象，在和屈大师交流时，一直是非常真诚请教的样子。从副语言的角度讲，既做到了辅助有声语言，也做到了恰当地替代有声语言；既做好了厨师的帮手，又替观众朋友提出了有价值的问题，同时又能在每个环节间，适当地总结，承上启下。在这类有嘉宾参与的节目中，主持人就应该积极地发挥中介作用，做好嘉宾与观众沟通交流的桥梁和纽带。

（3）服装搭配，符合节目的需要，干净简洁、朴素大方。这是一档以演播室为操作间现场制作美食的节目，主持人的服装搭配自然与寻找美食的美食之旅节目大不相同，整个节目就是完成一道菜品的过程。节目中，主持人积极地参与准备食材和烹饪菜肴的各个环节，所以围裙是最好的装扮，再戴上一个干净的三角头巾，服装就好了。但围裙里面的衣服不宜太过花哨，基本原则就是干净简洁，避免喧宾夺主。

示例二

陈皮岁月（片段）

洪涛：观众朋友您好，欢迎收看这一期的《中华医药》。周末的时候啊，很多人都会选择和朋友聚会，做点美食，聊聊天。广东省中医院的杨志敏教授在周末的时候也常常被人邀约。不过作为养生专家，她往往是带着任务去的。

（同期声加配音）

洪涛：看到这啊，您是不是觉得陈皮温胃散寒、理气健脾，做出菜来，味道也好，是不是也应该备一点儿啊？可是我想问问您，您知不知道什么是陈皮啊？可能很多人都会说，陈皮，不就是晒干的橘子皮吗？其实啊，还真不是。它既不是橘子皮，也不是晒干的橘子皮，据说，那是一种特殊的果子。那种果子当地人采了之后，不要果肉，只要皮。

（配音片）

洪涛：原来啊，说这个陈皮就是橘子皮，还真的是个误会。可是您看，（主持台上摆放橘子和茶枝柑）这个就是茶枝柑，这个是橘子，从外形乍看上去，还真的很像，不过您看这个剥开之后的茶枝柑，我们再来剥一个橘子。这个橘子一看就很有水分，很好吃，而这个茶枝柑看上去干干的，就不是太有吃的欲望。难怪，杨志敏教授说它是"为皮而生"，果肉不是重点。您再来看这三样东西，（桌子上摆放不同的陈皮）这三种是不同时期的陈皮，这个是茶枝柑青的时候采摘的，是青皮。您再看这个，这是茶枝柑稍微熟一点的时候，这叫黄皮。这个颜色最深的叫大红皮。以前啊，还真不太知道陈皮还有那么多的学问。知道陈皮是什么了，可是知道陈皮怎么用吗？我还真不敢说知道，因为它有的用法还真是前所未见。

……

洪涛：做这期节目啊，查到李时珍对陈皮的评价，给我的印象很深，"同补药则补，同泻药则泻，同升药则升，同降药则降，陈皮性温，能和百药"。既能自己单枪匹马作战，也能协助他人获得成功。它能入茶、入膳、入酒、入药，在哪里都能团结周围，而又能发挥自己的优长，接触陈皮有时候会有种错觉，它不是一味药，而是能帮助和点拨我们的智者。

好了，这期节目到这就结束了，感谢您的收看，下周同一时间，我们再见。

（中央电视台《中华医药》2012年3月9日）

示例分析：(1) 节目中涉及的饮食和医药信息及知识点要准确无误。"病从口入，祸从口出",说明我们的健康与饮食息息相关,吃进嘴里的东西一定要保证是安全的,尤其是媒体介绍的饮食和医药信息,一定要有科学的论证和依据。

吃,是保持一个人生命体征的必要条件。人有五大需求:第一层,生理、生存的需求,满足基本的衣食住行,生儿育女和生存技能的掌握,生活和生命在某种意义上说有本质区别;第二层,安全的需求,生命、财产的安全保障,如住房、医疗、健康等;第三层,社交的需求,与他人和社会交往从而体现自我在群体中的存在,涉及给予爱和接受爱;第四层,事业的需求,体现自我存在的意义和价值,维持自尊和来自他人的尊重,具体表现在财物分配权、时间支配权、人事自主权;第五层,自我价值实现的需求,是精神和物质追求的完美归宿。

在现实生活中,大部分人只能维持在第一至第三层的阶段,而少数人能达到第四至第五层的境界。

吃,虽然是人的最基本需求,人人要吃饭,但是怎么才能吃得更好,吃得更健康,吃得更合理,则是需要学习的,需要智慧的。

(2)主持人要有内行之感,增加节目的可信度。由于健康养生类节目所涉及的内容大都具有专业性,如果主持人仅以个人视角用"我认为""我觉得"开场,就会大大地降低节目的权威性和可信度。所以,节目涉及的内容一定是肯定的、准确的、毋庸置疑的。主持人在讲述时,要有内行之感,尤其要注意把小细节讲清楚、说明白。对于在节目中提到的不常见的食物、食材、药材,或者是比较特殊的食用方法等,更是要解释得详尽透彻,语速要适当地放慢,节奏放缓。

(3)语速适中、语势长扬、语气温和、语感亲切。主持人洪涛从1998年节目开播至今,近20年的时间,始终保持着求真务实的心态、亲切温暖的语言,认真求索,寻找与人类健康息息相关的重要资料分享给大家。做好一档节目容易,但是一档节目做20年甚至更久,则是令人敬佩的,这种精神是值得每一位主持人学习的。

示例三

晚间天气预报(片段)

受冷空气影响,未来三天,渤海、黄海、东海将先后出现7~8级大风,阵风可达9~11级。具体预报:8日20时至9日20时,新疆西部和北部、内蒙古西部偏东地区和中部、华北大部、东北地区东部等地有小到中雪(雨)或雨夹雪;重庆、陕西大部、江汉、黄淮中西部、江淮大部、江南、华南北部和中部等地有小到中雨或阵雨,其中,湖北东南部、安徽中南部、江西北部、浙江中北部等地的部分地区有大雨。

新疆、甘肃西部、内蒙古大部、东北、华北、黄淮、江淮等地有4~5级风,江河湖面风力可达 6~7 级,其中,新疆山口地区风力可达 6~8 级。渤海有 7~8 级风,阵风 9~10 级的东北风;黄海北部有 6~8 级东北风;黄海中部有 5~7 级东北风。

9 日 20 时至 10 日 20 时,新疆西部和北部、西北地区东部、内蒙古中西部、华北、东北地区东南部等地有小到中雪(雨)或雨夹雪,其中,内蒙古河套地区、山西北部等地的部分地区有大到暴雪;黄淮大部、江淮、江汉、江南、华南大部、四川盆地北部、重庆大部、贵州东部等地有小到中雨或阵雨,其中,安徽东南部、江苏南部、浙江北部、上海等地的部分地区有大雨。

新疆、甘肃西部、内蒙古大部、东北、华北东部、黄淮、江淮及江南东北部等地有 4~6 级风,江河湖面风力可达 7~8 级,其中,新疆山口地区风力可达 7 级左右。渤海、黄海大部有 9 级大风,阵风可达 10~11 级;东海北部有 7~8 级大风,阵风可达 9 级;东海南部有 5~7 级风,阵风 8 级的西南到东南风。

10 日 20 时至 11 日 20 时,新疆东部、西北地区中东部、川西高原北部、内蒙古中西部、华北等地有小到中雪(雨)或雨夹雪,其中,内蒙古河套地区、山西中北部、河北西南部等地的部分地区有大到暴雪;黄淮、江淮、江汉、江南、华南大部以及西南地区东部等地有小到中雨或阵雨。

新疆西部、西北地区中东部、内蒙古中西部、东北地区南部、华北、黄淮、江淮、江汉、江南北部、西南地区东部等地有 4~6 级风,江河湖面风力可达 7~8 级。渤海、黄海大部、东海大部有 6~8 级风,阵风可达 9 级。下面请看城市天气预报。

(中央电视台《晚间天气预报》)

示例分析:(1)主持人的语言简洁明快,专业基本功扎实。与一般的节目主持人不同的是,天气预报节目主持人的语速是比较快的,接近于新闻的播报速度,但是天气预报不是新闻节目,不能用新闻的语态"播报",而要有主持人的"说"的状态。以"说"的状态主持,达到"播"的速度,快而不乱、快而准确、快而清晰,就需要非常扎实、深厚的专业基本功。

大约 800 字的稿件,涉及地名或方位约 100 处;涉及时间点 6 处;涉及风力的数字 22 处;涉及不同的雨雪天气情况 10 处等。短短的 4 分钟里,传达了巨大的信息量,重音也很多,在这样的情况下,既要照顾机位,又要准确地找到两个提示器的稿件的位置,而且还要用准确的手势指出语言所讲的地理位置,主持人的功力可见一斑。

(2)副语言恰当得体、准确到位。副语言,指除有声语言以外的,人体的面部表情、体态动作以及附属于人体的服装、发型、饰物、妆容等,辅助有声语言表达,有时可以替代有声语言。其实每位电视节目主持人都需要使用恰当、得体的副语言来配合有声语言的表达,但是在天气预报节目中,由于节目的需要,主持人体态语较多,指向性较强,而且不容有错,所以在这里,要着重强调一下主持人副语言的使用。

主持人面部表情要真诚有爱;服装简洁合体,没有太多的修饰,在移动的过程中也不会影响观众的注意力和视线;发型以短发为主,清爽干练;妆容也以淡妆为主,显得清纯而靓丽;转身的动作要干脆利落,脚步移动一步到位,大方沉稳,没有多余的碎步;手在伸缩之间,变换自如,伸出为掌,收回为拳,方位准确,简单明了。

(3)熟知国家地理知识,对于每一个省份的位置和相关地名了如指掌。

示例四

消失的亿万富翁(片段)

片 头:每一个细节都让人沉思,

每一起案件都给人警醒,

这里是《撒贝宁时间》,

让我们用证据说话。

撒贝宁:在我们一般的概念当中,绑架案当中的绑匪,为了逃避警方的侦查,往往会竭尽全力地掩盖自己的身份,但是今天我们要说的这个案子,绑匪却敢直接亮明身份,现在是《撒贝宁时间》。2015年年初,鄂尔多斯市东胜警方接到报案,当地一名亿万富翁神秘失踪。

(同期声)

撒贝宁:这到底是怎么一回事呢?接下来我带各位去监控画面当中刘军失踪之前最后出现的地方去看一看。

现在在我身后的就是刘军他们小区的车库入口。我们问了一下保安,这个小区像这样的车库入口一共有四个,这个入口是离刘军他们家最近的一个入口,所以平时刘军开车都是从这个路口进入地下车库的。但奇怪的是,那天刘军是由司机送回来的,并不是自己开车,所以按道理司机应该把刘军直接送到楼下才对,为什么要走地下车库的入口呢?从监控画面当中我们可以看到,车开到这个地方就停了下来,然后从西边的过道里过来三个人上了车之后,车就开走了。难道他们是约好了在这儿碰面或者是要去其他的什么地方吗?但如果约好的话,为什么要约在这样一个地方呢?还是说司机把车开到这儿来是另有意图呢?刘军已经失踪4天的时间了,丁锐他们把鄂尔多斯几乎是地毯式地搜索了一遍,但是没有发现刘军以及他失踪的时候乘坐的那辆车。就在警方继续努力寻找的时候,刘军的妻子却找到了丁锐,说她接到了一个电话,电话里的人说"刘军和他们在一块"。

（同期声）

撒贝宁：通过查看敖慧萍的通话记录，丁锐他们并没有发现敖慧萍和张忠平之间有什么联系，因此基本上也就排除了敖慧萍在当天把刘军的行踪透露给张忠平的可能。目前只有那条绑匪的短信，将嫌疑指向了张忠平，但是我们也不能因此就武断地认定张忠平就是绑匪。但如果张忠平跟绑案没有关系的话，为什么在刘军失踪以后，张忠平和司机敖慧萍也都不见了呢？

（同期声）

撒贝宁：2 000万还真不是一笔小数字，更何况这还不都是张忠平自己的钱。联想起这段时间股市的动荡，让人们心急火燎，这份心情也确实可以理解。但是，越着急的时候人越要理智。绑架是重罪，别说是绑架自己的合作伙伴，就算你绑架自己的亲生儿子，法律照样惩罚。法律不光是约束人的行为，法律同样也是保障人的利益。出现了这样的经济纠纷一定要走法律的途径，这样才能帮得了自己。

（中央电视台《撒贝宁时间》2016年1月14日）

示例分析：（1）用智力观看的节目，用眼力参与的节目。分析、演绎、推理是这档节目的三大武器；证据、正义、真情是这档节目的三条主线。撒贝宁是主持人也是侦查员，节目采用全新视角解读经典案例，运用影视手法展现刑侦魅力，通过善与恶的较量，诠释正义与法治的力量，达到警醒世人的目的。

（2）有声语言的内在联系非常紧密，环环相扣。撒贝宁在主持的过程中，不断地埋下伏笔，又不断地剥丝抽茧揭露真相。节目中，主持人首先在一个办公室模样的地方，坐着开始讲述本期的案件；紧接着，主持人刻意戴上一副白手套缓步进入虚拟演播室，在主人公最后出现的地点——"刘军家地下车库门口"，开始分析案情，似乎将现场也搬进了演播室，给观众视觉上的冲击。主持人的语言伴随着手势语，不徐不疾地讲述着当时刘军最后出现时的场景，并且提出了很多关键性的问题："难道他们是约好了在这儿碰面或者是要去其他的什么地方吗？但如果约好的话，为什么要约在这样一个地方呢？还是说司机把车开到这儿来是另有意图呢？"制造悬疑并带领着观众一路寻找着答案。片子的最后，撒贝宁又缓步走回节目开始的地方，慢慢地坐下，稍加点评，结束这个案件，也结束了本期的节目。一切都看似自然，却又是精心设计的，从哪里开始就在哪里结束。当然，片中的配音娓娓道来，讲述案件的来龙去脉，故事性极强，非常精彩，值得好好学习。

（3）全面思考，整体把握。练习时，首先，注意内在语的调整——切实思考、认真分析、掌控全局；其次，找出重点及重音，用讲故事的手法，慢慢深入案情，答疑解惑；最后，结合有声语言的内容，运用好副语言，尤其是体态语，如移动脚步、转身、手势等，使得镜头里的主持人显得松弛而自然,避免呆板无趣。当然手势不宜复杂或过多,否则会影响受众对有声语言中信息的接受效果。

示例五

交换空间(片段)

王小骞:交换空间,交换精彩,大家好,这里是《交换空间》,我是王小骞。今天这期节目呢,我们还是在北京来进行拍摄。参加今天节目的两队选手,他们都不是土生土长的北京人,他们有的来自沈阳,有的来自哈尔滨,有的来自山东,在北京这个大城市当中,经过自己非常努力的打拼,有了自己的小家庭,有了属于自己的房子,所以他们对自己的家是格外珍爱的。大到家具,小到一个灯泡,都倾注了我们红、蓝两队选手的非常大的心力。但是因为自己平常也是工作比较忙,还比较缺少相关的专业知识,所以对自己家庭的装饰、装修他们觉得不太满意,也不完美,所以他们就想把这个改造空间的任务交给我们《交换空间》,希望通过我们《交换空间》的设计师,能够给自己的家庭环境来个大变脸。非常感谢对我们这么信任,也希望我们的设计师能够不辱使命,最终能够让我们的选手感到满意。那么接下来,我们先来认识一下参加今天节目的两位设计师。

……

王小骞:我们今天这个48小时结束之后的收房,还算是比较圆满的,我说圆满不够,你们大家觉得呢?

红 队:对,非常好,非常好。

蓝 队:非常好。

王小骞:对,这边说的是"灰常好、灰常好"。哈哈哈……好,在我们今天节目结束之前,我还是要特别感谢有家、有爱、有欧派,欧派家居集团为我们提供了家装基金。来,欢迎大家来参加我们的——《交换空间》!

(中央电视台《交换空间》2016年3月12日)

示例分析:(1)贴近普通电视观众,倡导自主动手、节俭装修。所有将要家装的、正在家装的、已经家装的,热爱生活、热爱家庭的人群都是节目的目标受众。节目在保障观赏性的同时,提供装修知识、家装创意,让所有的电视观众重新认识家庭装修的乐趣,推广绿色环保装修,同时促进人与人之间的理解。

"引导家装消费"——依托装修市场,立足装修行业,提供专业建议;传达环保节约装修理念,传递家装知识和窍门;提高节目服务性、贴近性和知识性,正确引导大众消费。

"感受家居时尚"——引领时尚装修潮流,提升节目专业形象;介绍各类新型环保建材,展示最新产品、流行款式家具。

"体验美好装修"——真人秀的快乐装修课堂,寓教于乐;丰富财经频道节目样态。

"促进家庭和谐"——紧抓装修和感情两条线,装修为主、情感为辅。情感部分真实、感人、精彩,为促进家庭和谐提供了良好的交流平台,充分发挥了真人秀特色。

"家装气象站"——展示各地、各类型优秀成品个案,展示国内外最精彩、最权威、最经典的设计师装修作品,是展示高端资讯的平台,可提升节目的品质、品位,从而引领家居时尚,影响家居消费观念。

(2)体现快乐的元素。主持人与选手的交流以亲切、平等、耐心为主;注重各方面的沟通,尊重每一位选手的观点和劳动,共同期待令人惊喜的装修结果。

第三节　训练稿件

稿件一

永远十八岁的新技能(片段)

王　铮:Hello,大家好,欢迎收看全新改版的《美丽俏佳人》,我是王铮。

陈　晨:大家好,我是陈晨。

王　铮:今天做客我们《美丽俏佳人》现场的有两位老师,一位是我们的知名造型师吴忧老师,欢迎!

吴　忧:Hello,大家好,我是吴忧。

(吴忧介绍)

王　铮:另外一位呢,穿得特别 Q,穿着一个米老鼠来的,是我们大家非常非常熟悉的演技超高的造型师,戴维司老师,欢迎!

戴维司:Hello 大家好,我是永远十八岁的大卫·戴维司。

(戴维司介绍)

王　铮:其实说起永远十八岁的这个话题,我觉得这永远都是大家最想要做到的。因为你知道吗?就我个人来讲,我的年龄从十八岁之后,基本上每年的生日都静止在这一岁了。

陈　晨:这是一个秘密了是吗?

王　铮：可能过了十几年的十八岁。

陈　晨：但我个人是觉得，如果真的有阿拉丁神灯可以许个愿望的话，我一定会许就是四个字"永葆青春"。

王　铮：对。所以今天现场的三位Q团成员们，她们可能也有这样的愿望，但是今天她们很奇怪，每个人都是西域之风来的是吗？

Q团嘉宾：要是不戴这个面纱的话，怕你们看出我们的年龄。

陈　晨：哦，给他们出难题对不对？

王　铮：所以她们也是非常介意自己年龄的。我觉得现场不妨猜一下吧，既然她们都很怕别人知道她们真实年龄。

陈　晨：考验你们的时候到了。

（影视资料）

……

王　铮：谢谢，谢谢两位老师，今天真的是，看了这样的一个网络上流传的榜单，我们也解决了很多这些所谓的对的以及是错误的问题。我觉得其实产品真的是不一定要选择那个最贵的。但是，真的，只要你的方法用对了，一样可以青春永驻，就是坚持眼部保养，让你的细纹，不要再出现在你的眼角，或者说是在你的眼部的周围了。

吴　忧：如果真的不知道选择产品呢，就看我们的节目，我们的节目会介绍更多、更适合、价格更亲民的产品。

王　铮：这就靠吴忧老师和戴维司老师了，谢谢两位老师！好了，感谢收看本期的《美丽俏佳人》，我们下期节目再见了，拜拜！

（旅游卫视《美丽俏佳人》2016年3月8日）

训练提示：首先，这是一档针对爱美人士的节目。那么训练时，主持人在内心里一定要对美有更高的追求，才会在节目中兴奋起来；其次，主持人打扮时尚俏丽，可以选择富有青春活力的服装；再次，有声语言表达时，可以适当地夸张，起伏较大，状态积极，语势长扬有张力，声音有弹性；最后，体态语表达看似比较随意，但是也要控制分寸，轻松而愉快。

稿件二

警惕"忍"出来的病（片段）

王音棋：大家好，欢迎您收看今天的《生活提示》。便秘是一种常见于老年人的疾病，人上了岁数以后肠功能减弱了，这便秘还是比较容易理解，但是现在却有很多年轻人也饱受便秘之苦,这是为什么呢？医生说其实这和大家生活当中一个小习惯有关系,这到底是怎么回事呢？

  配 音:现在大家的生活节奏是越来越快了。从一起床,大家经常就忙得不可开交,早起有了便意时因为赶时间上班,所以根本来不及去上厕所,等好不容易空闲下来想去厕所时,却发现这便意已经消失得无影无踪了,真是让人欲哭无泪。您可能以为这忍一时没事,但其实这可能会让便秘盯上您。

  (同期声)

  配 音:有些人会问了,到底怎么样算是便秘的症状呢？专家告诉我们,正常的话应该是每天都起码排便一次。但如果您是一天排便三次,或者是三天一次也算是正常的情况。只要是三天以上没有出现排便的情况,就一定是便秘的症状了。而其实我们大部分的人,之所以会便秘都是因为长时间强忍便意造成的。当然我们大家谁也不想去强忍着便意,但确实是因为当时没有时间去解决,这可怎么办呢？专家告诉我们还是有方法可以解决的。

  (同期声)

  配 音:坚持一个礼拜左右,您就会养成在这个固定时间排便的习惯了。还有您在吃完饭后做一做揉肚子的动作,这样有助于肠胃蠕动,能够帮助您加快便意的产生。但您一定要注意,吃完饭后不要马上就揉肚子,而是要等到饭后的半个小时之后再开始揉。揉的时候也要注意,一定要顺着肠形,以您的上腹部右侧为起点,然后向左再往下这样画圈地揉,揉的时候也不要太用力。

  王音棋:看来这便意还真是不能随便就忍忍过去了。另外,我们的老年朋友虽然没有什么需要强忍便意的情况发生,但是随着年龄增大,老年朋友的括约肌也会发生衰退,这就会引发便秘产生。这个时候除了饭后半小时揉肚子外,我们还建议您做一做提肛这个动作来锻炼括约肌肌肉,预防便秘。

  好了,"服务观众、服务生活",以上就是本期《生活提示》的全部内容啦。您可以通过我们屏幕下方的方式来搜索您关注的问题,也欢迎您扫描二维码,参与我们的节目互动。

(中央电视台《生活提示》2016年3月6日)

  训练提示:《生活提示》以"服务观众、服务生活"为宗旨,紧扣衣、食、住、行、健康等与百姓生活息息相关的话题,进行深入浅出的解答和权威提示,倡导健康生活。所以在训练时,内心要始终关注百姓所关心的问题,真诚地交流、耐心地讲解、细致地分析,做为百姓答疑解惑的好帮手。

稿件三

嗓子痒疼咳 几招搞定(片段)

方琼：你这干吗呢，你，你这孙悟空转世吗，你？

程成：知道这叫什么吗？

方琼：怎么啦，这叫什么？

程成：这叫抓耳挠腮，喝水疗法。

方琼：你又怎么啦，又病啦？

程成：人生最烦的，有两大炎症，你知道是什么吗？

方琼：什么炎症啊？

程成：你听我这嗓子，人生最大的两大炎症都让我赶上了。第一大炎症是鼻炎，第二大炎症是什么？就是咽炎。每年一到这个时候，我跟你讲哈，我这个咽炎就犯，然后咽炎一犯，你知道什么感觉，就是嗓子眼痒痒，然后你又抠不找，你又抓不着，然后就老想咳嗽，有时候大气都不敢出，有时候你稍微深吸一口气，或者吐，你看又来了。

方琼：来了。

程成：吐气吐得稍微那个痛快点，就好像那个气啊，就蹭着那个嗓子咽壁一样，就痒痒，一痒痒就想，你看又来了，咳嗽。

方琼：你别招上我啊。

程成：这传染不了。

方琼：你这，那你这喝的是什么水呀？

程成：喝的什么水？我告诉你，这里是各种偏方集大成。就是因为……你知道吗？你说吧，因为这咽炎你到医院去看吧，你说也不值得排那么长时间队。然后呢，你又自己不知道什么药，所以很多人就说，推荐点偏方。

方琼：来，鉴于咱俩十几年的交情，我劝你别瞎喝了。

程成：怎么呢？

方琼：正儿八经地推荐点中药。

程成：什么中药这里头？

方琼：请往前方看。

程成：我看见了。

方琼：金银花、胖大海、罗汉果泡在一起。嗯……味道清香。

程成：不是，老大、老大……

方琼：口感舒适。

程成：你别口感舒适了，我先问一个问题。

方琼：胖大海滋润嗓子，没听说过吗？

程成：就这么多东西，能泡到一起喝吗？我们这样，我们先请一个专家来验证一下，你这方法对不对，或者说，这位专家能告诉我们，比如像这个时间犯咽炎我们怎么办。

方琼：那行，你说吧，找谁，你这偏方。

程成：我国著名中医泰斗级的专家中医教授王凤岐老师。

方琼：来来来，有请王老师。

程成：有请王老师。

方琼：看看咱俩谁喝得对。

……

(河北卫视《家政女皇》2015年12月2日)

训练提示：上面这段对话是《家政女皇》节目中常见的角色扮演的一幕。主持人通过角色扮演进行对话，把接下来节目中要介绍的内容非常巧妙地引出来。有时，方琼会把自己化装成各式人物进行大胆的表演。练习时，不妨忘记主持人端庄的形象，放下身段，以演员的心态进入角色，揣摩人物内心，大胆尝试，塑造出一个个既符合节目需要，又独具个性的人物。

稿件四

齐鲁消防(片段)

冷洁：观众朋友，您好，欢迎收看本期《齐鲁消防》。为确保节日期间的消防安全，近日，德州市平原县公安消防大队不断加强节前消防安全检查，从源头上预防和遏制重特大火灾事故的发生。

配音：检查中，消防监督人员对辖区商场、超市、饭店、企业等人流密集场所重点位置进行了突击检查，并对各场所疏散指示标志和应急照明灯是否完好有效、安全出口和疏散通道是否畅通、室内消火栓压力是否正常、电线铺设是否符合标准、消防控制室值班人员是否在岗以及员工熟悉掌握"四个能力"情况一一做了检查。针对存在的问题，消防监督员当场提出对火灾隐患的整改意见，并强调了消防安全的重要性，要求各场所负责人切实将消防安全工作当作头等大事来抓，切实消除各类火灾隐患。

……

冷洁：孔明灯又叫天灯，相传是由三国时的诸葛孔明所发明的。当年，孔明被司马懿围困于平阳,无法派兵出城求救。孔明算准风向,制成会飘浮的纸灯笼,系上求救信息,之后果然脱险,于是后世就称这种灯笼为孔明灯。现代人放孔明灯多作为祈福之用,人们喜欢在元宵节、中秋节等重大节日写下祝福的心愿,表达对亲人、朋友和故人的祝福与思念。然而,很多人却不知道燃放孔明灯既危险,又违法。

......

冷洁:孔明灯加热升空时外焰可达300度,一旦燃烧起来,对飞机起降、高层建筑、高压电线、油库、树木草丛的威胁相当巨大。所以说燃放孔明灯以及售卖孔明灯的行为属违法行为。祈福许愿的方式有很多种,但一定要安全、文明,千万不要因为一时的快乐,而酿成大的灾难。好的,感谢您收看《齐鲁消防》,咱们下期再见!

(山东电视台《齐鲁消防》2016年2月27日)

训练提示:这是一期消防节目的文稿。主持人在演播室身着制服,精干神气,给人权威感,随着节目不同版块的内容而采用不同的语言表达方式,时而耐心讲述消防案例,时而善意提醒消防隐患,时而亲切建议防火常识,时而严厉批评安全漏洞。在短短的十几分钟的节目里,主持人始终把握多变的节奏,不同的内容用不同的表达方式,把消防节目中所涉及的各种安全隐患和消防基本常识表述得清清楚楚。

练习时,需注意节目的严谨性,消防安全无小事,所以态度不可以儿戏。虽然节目带有较强的严肃性,但切记不要刻板,一严到底,缺少变化。在讲到某些消防安全漏洞可能引发严重后果时,也尽可能善意地提醒,不要用吓人的口气,把消防问题形容为洪水猛兽。

稿件五

这样洗头真的会"洗"出病吗(片段)

观众朋友您好,欢迎收看《社会传真》。

洗头是生活中再平常不过的行为了,可这头发到底该怎么洗,很多人有着一堆的问号。比如,这头发需不需要每天洗?到底隔多久洗一次才好?洗头的时间该选早上还是晚上呢?洗完头不吹干就睡觉会不会容易生病?而对于这些问题,网上一直有着各种各样的说法。那么,正确答案到底是怎样的呢?

(配音片)

面瘫又叫面神经麻痹,是以面部表情肌群运动功能障碍为主要特征的一种常见病,一般症状是口眼向一侧歪斜,也就是我们通常说的"歪嘴巴"。那么,这样一种听上去挺可怕的病,真的会像网上说的那样和头发没吹干就睡觉有关吗?

（配音片）

尽管湿发睡觉会导致面瘫只是个例，但医生还是建议，不管冬天还是夏天，为了自身的健康，洗完头一定要吹干再睡。说完了这个，咱们再来说说另外几个在网上大家谈得比较多的关于洗头的困惑。先来说这个，"头发不能天天洗，否则头发越洗越掉"。类似的说法，相信很多人都听说过，那这科学吗？

（配音片）

中医认为，"发为血之余，血盛则发润，血亏则发枯"。如果用现代医学的眼光来看待这句话也不无道理。只要自己平时在生活、饮食、作息上做到科学、健康、合理，再加上一定的头发保养，健康的头发也就随之而来了。

好，感谢收看《社会传真》，再见。

（江西卫视《社会传真》2016年3月6日）

训练提示：这期节目的内容是特别贴近百姓日常生活的洗头。首先，节目开头就给大家提出了许多问题："这头发需不需要每天洗？到底隔多久洗一次才好？洗头的时间该选早上还是晚上呢？洗完头不吹干就睡觉会不会容易生病？而对于这些问题，网上一直有着各种各样的说法。那么，正确答案到底是怎样的呢？"主持人用这些问题引导受众观看节目，并且一一作出解答。

稿件六

"天价"事件背后的隐忧（片段）

观众朋友，您好，欢迎收看《社会传真》。

春节已经过去了，但发生在春节期间的一件和游客吃饭有关的事件却持续牵动着公众的神经。来自常州的陈先生带着全家去哈尔滨旅游，本想在旖旎的冰雪风光中欢度新春，没想到却因为一条"天价鱼"吃出了满腹的委屈与怒火，那么这究竟是怎么回事？它的背后又暴露出了我国旅游市场的哪些隐忧呢？

（配音片）

显然，从三亚海鲜和青岛大虾事件之后，哈尔滨相关部门是很明白这样的"宰客"新闻对一个城市的影响，希望用快速的调查结果来平息舆论。然而，这个调查结果不但没有平息事件，反而更引发了争议。

（配音片）

在这份调查结论中，"餐饮许可证过期"这非常容易理解。"该饭店存在不以真实名称提供服务"，可能很多人不太明白，这是因为该饭店打着"野生鳇鱼"的幌子，可实际上该饭店所售价格高达398元一斤的鳇鱼并非纯野生。

（配音片）

在当地市场上，人工养殖的鳇鱼16元一斤，好的也不过二三十元一斤。冒充野生鳇鱼后，以398块钱一斤卖出，其10多倍的暴利实在令人咋舌。它也暴露出地方相关部门对餐饮等行业监管还存在缺失，管理上还不到位。"天价鱼"的调查虽然至此已经告一段落，但公众对于目前一些领域、一些地方整体消费环境的担忧依然存在，那就是"天价鱼"绝不仅是一条鱼、一家店的事，类似的事也不仅仅发生在哈尔滨。联想到大年初三外地游客在北京被黑导游喝骂等现象，至少可以看出，在不少人的心目中，旅游产业基本还停留在地导、司机的一锤子买卖上。羊毛出在羊身上，鱼刺终究要卡在消费者的喉咙里，在粗糙的经营模式下，出现"天价鱼"这样的纠纷也就不奇怪了。

（配音片）

出门在外最怕被坑，因为人生地不熟、停留时间短暂、维权成本高昂。在此情境中，游客无论多心不甘情不愿，都会陷入一种进退维谷的窘境，可能就选择忍气吞声了。也正因为如此，每次疑似宰客的"料"曝出，都能触碰到公众"共鸣燃点"。也源于此，有些典型性宰客事件，本是个别商家引发，可在公众以地域为框架打量旅游形象的习惯下，其负面影响总会波及整个地方声誉。就像此前有媒体就称，38元大虾事件不仅让青岛丢了人，也毁了山东省耗资数亿元打造的"好客山东"形象。同样一只"天价鱼"，也毁了当地多少旅游形象的宣传。由此可见，频繁出现的旅游消费"天价"事件，在损害消费者利益的同时，也侵蚀了国内旅游环境，让旅游行业长期在低水平徘徊，导致不少国内客源流失海外。

（配音片）

社会新闻上升为舆论热点，最大的意义往往不在于判断当事者的对与错，而在于触碰到了社会"绷得最紧的那根弦"。"哈尔滨万元铁锅鱼"之所以成为热点，也是因为撞上了人们的旅游体验。我国坐拥世界上最丰富的旅游资源和最庞大的旅游消费群体，这是机遇也是挑战。只有出重拳整治旅游消费环境，进一步加强旅游产业监管，全方位提升软实力，给游客更加文明、舒适的旅游体验，才能够宾客盈门，保障旅游产业的可持续发展，从而带动一方水土的经济发展。好，感谢收看《社会传真》。明天同一时间，再见。

（江西卫视《社会传真》2016年2月28日）

训练提示：这期节目介绍的是宰客的"天价鱼"。游山玩水自然是令人高兴的，但是也有隐忧，那就是怕被坑、被宰。这是一个敏感的话题，练习时，态度要适度，评论要精准,调查要细致。既不能一概而论,又不能理所当然。在事实真相明确的前提下,主持人可以给出适当的警示,留给观众评说的空间。

稿件七

秋膘

《四季养生堂》以春夏秋冬四季、24节气为脉络,探讨不同季节、不同时节、不同地域、不同物候等条件下的养生保健之道。

夏天的时候,天气炎热,湿气蒸腾。人的阳气也散布于体表,出汗散热,胃肠的阳气就显得不足。人的胃口变得很差,有的人还会因为贪食生冷、海鲜等不容易消化的食物,出现呕吐、腹泻等胃肠道疾病。老百姓习惯把这种现象称为苦夏或者疰夏。

入秋以后,太阳渐渐远离我们,人的阳气也逐渐收缩回归到肠胃,人的腠理和汗毛孔也渐渐收敛闭合,这时候人就渐渐有了食欲,胃口渐开,开始想吃一点油腻的肉食。这在黏腻暑天是想都不敢想、一想就恶心的事。

立秋那天,老北京有贴秋膘的习俗。说白了就是立秋那天要吃烙饼卷肉。讲究老理儿,立秋要吃烙饼卷肉,一般都选酱肘子、五香肚、猪头肉。当然也少不了烤肉、涮肉,西四砂锅居的砂锅白肉更是一道有利于消化吸收的滋补佳品。

不过说来说去,这个膘到底是什么?我们说动物膘肥体壮,但是不能用来说人。膘相当于人体的什么呢?一个字,肤。皮肤的肤,肌肤的肤。繁体字写作"膚",意思就是皮下脂肪。

皮与肤只是近义词。例如人们常说的肤浅、切肤之痛、体无完肤,说的就是表皮的意思。而肌肤之亲,表达的就是比表皮的接触更深的关系。不能因为皮肤经常连用就说肤就是皮的意思。

《诗经》有句话形容美女"肤如凝脂",白居易赞美杨贵妃的诗句"春寒赐浴华清宫,温泉水滑洗凝脂"。凝脂就是如同凝固的白脂,形容女子的皮下脂肪充盈、润泽,吹弹可破。体会不了凝脂意思的人,可以炼点儿猪油,待凝固以后看看,体会一下那种白皙、细腻、光泽。如果皮下无肤的话,那就是美人迟暮变成鸡皮鹤发,皱纹丛生了。现代人用丰乳肥臀描写性感体态,描述的就是健康的皮、肤、脂、肉充盈的身体。还有希望丰胸隆乳的人们,其实女性在21岁智齿生长之前,身体发育到达极限之前,通过艾灸气海,通调冲脉,增加营养,改变穿高跟鞋的习惯,改含胸为挺胸的姿势,都能促进乳房的发育。过了这个年龄则没用了。

皮是薄薄的一层,谈不上厚薄。肤就不同了,营养充足,三焦功能正常,脂肪堆积多,肤就厚，反之就薄，甚至会没有肤的存在。我的一个患者为了减肥节食，每天不吃主食，光喝水吃黄瓜，导致后来虚脱昏迷，落下了很多毛病，消化不良，心率过缓，腹寒腹痛，即便是在夏天也裹着元气袋，不然就腹泻。他的皮很松，皮下没有脂肪，一捏就能提起来。我经常拿他做例子让学生看，这就是典型的有皮无肤。孟子有句著名的论述："天将降大任于斯人也，必先苦其心志，劳其筋骨，饿其体肤，空乏其身，行拂乱其所为。"能被饿瘦的只有皮下的脂肪和肌肉，皮是不会饿没的，最多也就是皮包骨头。

按照中医理论，肺主皮毛。肺与大肠相表里，表皮的问题应该从肺气、胃气着手解决，一般不涉及营血。而肤的问题直接隶属于三焦、心包，肤与在三焦中运行的体液有密切的关系。有的人却浑身长满了脂肪瘤，疙疙瘩瘩的，虽然无痛苦，但是很硌硬。中医一般用化痰散结的方法治疗这种肤病，用皂刺、橘络、丝瓜络、南瓜子，效果很好。

其他常见的脂溢性脱发、青春痘，也是肤的问题，油脂代谢的问题，源于心包之火和三焦痰湿。少女皮肤嫩滑水灵、吹弹可破。中年妇女面焦发堕，皱纹丛生，也是肤的问题，涉及三焦和元气。认识到中医的美容的理论基础，治疗才更有效果。

贴秋膘的目的就是立秋以后要增加皮下脂肪的含量，为冬天御寒做准备。同时由于春夏属于升发、消耗人体储存的营养物质和能量，特别是夏天皮肤开泄，大汗淋漓，人们晚睡早起，消耗更大，需要在入秋以后滋补增益，因为在夏天人的消化功能差，吃得也不多，补不起来。所以从减肥和增肥的角度来讲，春夏是减肥的季节，而秋冬是滋补增肥的好时候。人要是想健康长寿的话，就应该顺应自然，巧妙地利用天时、地利。

《伤寒论》中有个滋阴润燥的方子叫做猪肤汤，如果仅仅根据字面理解找块猪皮就得了，其实应该是带脂肪的猪皮，猪油也叫大油，滋阴的效果非常好。皮肤干燥，毛发焦枯的人也可以尝试吃猪油拌饭。如果是皮下脂肪过多，想减肥的话，除了少吃油腻以外，还要驱除体内的阴寒，以后我们会在专题节目中继续介绍。

(中国气象频道《四季养生堂》2008年10月1日)

训练提示：养生节目中，主持人要亲切自然，娓娓道来，注重节目中所要体现的细节。重音部分的处理，女生以柔长清晰为主，男生可以适当高亢活泼一些，重在突出由内而外实实在在的关心，给人深刻印象，其他部分可以一带而过。

稿件八

神奇边城——腾冲

配　音：看过了古镇和顺，体验了腾冲的翡翠文化，我们《远方的家——边疆行》摄制组，这一站将继续在云南省腾冲县的行程。从腾冲县城出发向北行驶了15公里，摄制组在早上9点到达了腾冲火山地热国家地质公园,听说这里有一项特别的旅行项目,摄制组要去体验一下。联系好公园的飞行俱乐部,我们就要搭乘热气球去看火山了。刚跨进热气球吊篮,我们就觉得一股火辣辣的热气在头顶喷着,飞行员不时操纵喷火头的手柄,喷射出1.5米的火焰,伴随着烈火燃烧的声音,热气球缓缓上升,我们《边疆行》摄制组即将开始一段惊险刺激的空中旅程。

主持人:《远方的家——边疆行》摄制组我们现在依然是在被徐霞客称为"极边第一城"的腾冲,不过今天我们摄制组是换了一个方式和角度来看腾冲,是什么方式呢?您看,我们现在其实是在巨大的热气球上,这里是离地大概200米的高度,我们今天特地乘坐这个热气球,其实就是为了看一看腾冲非常有名的火山。有句话就说了"好个腾越州,十山九无头",一开始不太理解这句话,但是真正坐着这个热气球到天空的时候,我就对这句话完全地明白了。您看,离我们非常近的就是这边很有名的大空山,它的山顶就是留下了明显当时火山喷发的这样陷下去的一个痕迹,所以跟我们平时看到的这种尖尖的山都不一样。但是呢在腾冲不止是这样一座大空山,远处的那一排山群它们全都是由于地壳板块运动造成的这么一个火山群。

配　音:腾冲是中国火山群最密集的地区之一,主要分布在和顺镇和马站乡,面积达750平方公里,摄制组来到的火山公园位于马站乡,有大空山、小空山、黑空山三座保存完整的火山,乘坐在热气球上,我们只见火山像一个个精致的盆景,依次排列开,非常壮观。

主持人:今天陪我们一起上来的是我们这个热气球上的师傅,他每天都要在这里飞上好多次,相信也是对这里最为了解的。

配　音:控制热气球的这位小伙子名叫段兴雨,已经在这儿工作了9年。听他说,9年前火山公园开始设立热气球体验项目,除了天气不适合飞行,段兴雨每天都带着游客飞过火山口。

主持人:一般咱们这个热气球这里就是可以飞到的最高的高度了吗?

段兴雨:系留飞就是这个高度。

主持人:现在我们正好遇上了一股气流。

段兴雨:现在我们系留飞一般不超过200米,刚好飞过火山口。

配　音:听段兴雨说,云南腾冲火山与黑龙江五大连池火山一样,以类型齐全、规模宏大而著称。

主持人:咱们这附近究竟有多少火山呀?能够数得清吗?

段兴雨:整个腾冲县考证下来有99座,像大空山这样保留很完整、锅口很圆的火山,像这种看得很清楚的火山有23座。

配　音：从空中望去小空山顶部仿佛有一条环形公路。段兴雨告诉摄制组，火山公园特意在山顶上修建了一条木板路方便游客通行。

主持人：那你9年看到这个火山有什么变化吗？

段兴雨：这个火山唯一的变化就是树长得特别快，因为火山灰特别肥沃，这棵树栽下去10多年了，以前是光秃秃的，啥都没有。

主持人：就是一开始的时候，这个火山跟我平常想的有点一样，是那种灰黑色的、裸露的。

段兴雨：但是火山是红褐色的，因为这儿都是火山浮石那种，那边的黑空山是黑色的，你看熔岩很清楚，那一片都是黑色的熔岩，你看这边都是红褐色的。

配　音：据专家考证，腾冲最早喷发的一座火山，喷发于90万年前；最后喷发的是380年前，也就是《徐霞客游记》中记载的打莺山火山，熔浆生生撕裂了山口爆发，然后形成红褐色和黑色的熔岩，热气球给了摄制组更加开阔的视角，我们眼前的风景也更加美丽。

段兴雨：远处是高黎贡火山，今天天气不是特别好，你看都是雾，这边出去40公里就到缅甸了。

主持人：前面这边40公里能看到吗？

段兴雨：天气好能看到山，现在天气阴。远处的山翻过去，下面一条公路是叫腾板公路，过去40公里就到了。

配　音：看着远处的群山和脚下壮观的火山口，我们惊叹于大自然的神奇，而只有40公里就到缅甸的距离提醒摄制组我们依然在边疆小城腾冲。

主持人：现在我们的热气球已经在缓慢地下降，一会儿到了地面上之后，我们会顺着这边的一条道，慢慢爬到大空山的山顶，去真正地实地感受一下，那个火山口它究竟有多么壮观。

配　音：热气球缓慢下降，我们20分钟的飞行之旅即将结束，听段兴雨说，现在热气球每次能乘坐6人，每人200元的价格也让更多游客选择乘热气球看火山。

主持人：其实我觉得看火山的这种方式还是挺特别的，可以从高处看一下这个火山的全貌，也是另外一种独特的视角。

配　音：据段兴雨介绍，热气球的体验项目是上午9点开始，为保护游客安全，每次飞行都有人在地面拉住绳索，控制热气球飞行高度，结束了热气球梦幻般的旅程，摄制组向着大空山前进，沿途之间只见绿色的植物将火山层层覆盖住。

主持人：231、232、233，现在我们摄制组就已经是在往这个大空山的山顶在爬了，我们一共要走过598级由火山石做成的台阶，然后去看大概离地有150米高的这个大空山的火山口,那大概还要爬一半左右,我们就能够真正地和这个火山口零距离接触了。感受一下,想象一下当年火山喷发时候那种壮观场面,我们摄制组的这些兄弟姐妹太厉害了,爬得真快,我要追上去了,等等我。

配　音:一路走来,体力消耗很大,但马上能看到火山口,摄制组成员都觉得很兴奋。据专家考证,腾冲火山群是处于休眠状态的活火山,让很多人对它充满敬畏与好奇,大批的专家、游客纷纷来到这里,爬了大概15分钟,我们就到达了火山口。

主持人:这里呢已经就是这个大空山的火山口了,其实从它这个植被覆盖情况来说,并不是我们想象中的那种完全裸露的火山,所以说实话,震撼的感觉可能不如直接看到裸露的火山,但是你依然可以从它这个火山口的直径和深度,感受到它当时喷发的这个力量。咱们爬这个山,它离地面150多米,但是它这个火山口的直径就有200多米,而且深度有50多米,呈这样一个漏斗的形状——锥子形,那当时就是这个火山喷发是在36万年之前了,所以在这后面它是一直保持这样平静,没有给这里带来灾难,反而是给腾冲留下了大量的火山石的资源以及现在难得一见的这样的自然景观。那现在我们就走到这个火山口的下面去感受一下,当时它这个喷发的那个火山口,现在是一个什么样子?我们一起去看一看。

配　音:为了保护环境,现在游客不能随意走进火山口。在征得公园管理部门的同意后,摄制组下山去火山口看看,下山的这段路很滑,再加上摄制组带着设备,所以走起来还是有些吃力。

主持人:我们在往下走的时候,发现了一个非常有意思的地方,这个山并不是像我们平时踩的那种岩石的山,它是很实的感觉,你们先来听一下,有一点空空的,就像脚踩在鼓面上的感觉,而且我每踩一下的时候,它这个感觉身体像有弹性一样,会稍微弹一下,可能这也是由于这个火山石有许多气孔造成的这样一个情况吧。

配　音:几十万年前烈焰喷发的火山现在却被一片绿色笼盖,马上能和神秘的火山近距离接触,摄制组成员对这种体验充满了期待。

主持人:顺着这个火山口旁边的一条小道,我们现在是爬到了离火山这个底部很近的一个地方了,下面的植被非常茂密,所以我们就不继续往下走了。但是就是从这个茂密的程度,你就可以看得出越到下面可能这个富含的养分越多,所以下面的植被非常茂盛。而且跟我想象中的不一样,我以为这个火山底部会有积水,但是其实它是由于火山石堆积,所以透水性非常好,下面全部是植被,没有什么水分。而且呢这个下面就是山体上有很多这样的火山石,它们非常轻,就是这样一块大石头,它的轻的分量可能你从我手拿的感觉上就能够体会得到,两块大小差异这么大,但是它们的重量相差却不是很多。

配　　音：这种火山石表面密密麻麻的都是气孔，它是火山熔浆喷出地表逐渐冷却后形成的，以前到这里的游客经常捡块火山石带回家，现在为了保护环境相关部门禁止了这种行为。政府划出了特定的区域让村民采挖火山石，制作成旅游纪念品出售给游客。

主持人：据说这种石头叫火山浮石，如果扔到水上的话它能够漂浮起来，会否定"石沉大海"这么一个说法，究竟是不是这样，如果之后有机会的话我们来实验一下，那其实我们站在这个火山口感觉很神奇，因为36万年前可能它喷发的时候，是烈火炎炎遮天蔽日，但是我们现在站在这里的时候，却是看到满眼的茂盛的植被，鸟语花香，而且还有一个独特的感受，就是我们站在火山口，但是却感觉很凉快。

配　　音：腾冲属热带季风气候，年平均温度15度，而在火山这片区域平均气温仅有13度，更加凉爽。行走在火山口，只见满眼的绿色仿佛浸润到大山的身体里，火山让绿色多了一种神秘感。摄制组特意请到了在火山工作的周世才，请他为我们揭秘。

周世才：因为现在植被长得太高了，如果它矮的话能够看到当时火山喷发的那个流向及那些走势……

配　　音：告别了周师傅我们离开了大空山。其实到火山公园游览，除了乘坐热气球飞行，三角翼也是不错的选择。如果您来到这里也可以体验一回空中看火山的滋味。神秘的火山变得幽静自然，也成了腾冲的热门游览地。马站乡附近的村民除了种庄稼，很多人开起了小店向游客出售火山石饰品。

主持人：好可爱啊！我们这个火山公园的门口看到了有很多这样的小店，他们就是利用这种火山石雕刻成各种各样的小小的工艺品，可以让游客买回家。你看这上面就是这个这种小鱼、小兔子、小猪、小乌龟，还有大一点的亭子，各种各样的非常有意思。老板，这个怎么卖？

老　　板：这个15块，小兔子是5块。

配　　音：听大姐说，他们家从2001年做起火山石加工，做成饰品花盆出售，平常生意还不错。黄金周时一天能卖出100件，马站乡附近像她这样的村民很多，旅游逐渐给他们带来了财富。

……

主持人：很有意思，所以我觉得就是腾冲人他们很勤劳也很聪明，就是发挥这样的想象也利用当地的这种特产，像这样的一块小小的磨脚石，然后可以去死皮，也可以放在冰箱里面有吸附作用，去异味儿，只要一块钱一个，那我就买这两个了。

配　　音：买好火山石，带着这次火山探险的满足，我们《远方的家——边疆行》摄制组又踏上了旅途。

听说腾冲的地热资源同样很丰富,我们这一站就要去看看位于腾冲清水乡的热海地热地区,腾冲是中国三大地热区之一,这里有温泉88处,其中腾冲地热最有代表性的地方就是热海。

主持人: 离开了火山,我们又来到一个像仙境一样的地方,看到我现在所处的这个位置了吗?周围绿树环绕,烟雾渺渺,是不是特别的惬意呢?好了,其实我站在这里真的特别特别热,因为这些烟雾都跟我们平时想象当中的仙境的雾气很不一样,很热,给大家揭晓答案吧!其实这里是腾冲另外一个有非常丰富的自然和旅游资源的地方,叫作热海。什么是热海呢?其实就是我们平常所知道的地热资源。在腾冲,火山和地热几乎是不可分割的,其实这种现象在全国也还是比较少有的,而且腾冲的地热资源丰富到让你难以想象,怎么说呢?往这边看,看到这一锅正在沸腾的水了吗?它的温度,表面温度有96.6度,千万不要以为它下面会有柴火在不停地去烧让它滚,其实这就是一个天然的地热资源。这当中有三个这样的泉眼,它们每天会源源不断地滚出这样的热水,而且由于这个时间比较长,所以我们都能从这个池边看到一层白色的泉华,因为这里富含有丰富的矿物质,而且这个大滚锅,这样的一个情况有多少年了呢?超乎您的想象,就连徐霞客当年来到腾冲的时候都有目睹过它。也因此呢,它被形象地称为"热海大滚锅"。

配　音: 眼前的大滚锅直径约有3米,深约1.5米,响声震耳,蒸汽冲天,离大滚锅很远的地方都能闻见浓浓的硫磺味儿,它涌出的水有20米高,锅周围有许多蒸汽孔呼呼不停地喷发热气,这里也是热海最受欢迎的观赏温泉。不过因为这里的水温高达96.6度,所以大滚锅的水只能看不能碰,一年四季不管腾冲的气候如何变化,这里都是一锅沸水,站在大滚锅旁穿着鞋子也能感觉到地面非常烫,即使站着不动身上也会出汗,当地的居民还利用了大滚锅的热气制作食物。

主持人: 云南有十八怪,其中一怪就是"鸡蛋串着卖",我们在热海大滚锅旁边看到了这个现象,你看我们现在这一串就是用这样的这个草把它给串起来的,而这样的鸡蛋呢它其实是在利用这个热海大滚锅旁边的这样一个热气,把它进行一个保温的作用,其实我们还是有一点点疑虑,就是这个鸡蛋真的能煮熟吗?

……

配　音: 没有柴火,没有加热的炉灶,鸡蛋真的能熟吗?带着疑惑,摄制组要到蒸笼旁去一探究竟。

主持人: 哦,这个蒸笼里现在没有蒸什么,可能是刚刚把它挪走了,但是在这里你能听得到咕噜噜咕的声音吗?它就是旁边的刚才那个大滚锅的水,在这一块也有,临近一点会有热气不断扑上来,所以阿姨说现在十分钟能够煮熟,我已经相信了,我想我站进去都能够蒸熟。而且我们又发现了云南的另外一怪就是"草帽当锅盖",这样一个还有点沉呢,这样一个巨大的锅盖就是跟草帽的形状一模一样,然后要蒸的时候呢就是这样把它给盖上去,所以我觉得上天真的是特别地眷顾腾冲,让这里有了这么多丰富的资源,而且当地人把它很好地利用了,这样的天然来煮熟的食物,我相信一定是又香又味美。

配　　音:"不须柴灶不须烧,天生地热好烹调。"这句话就能看出地热给当地人带来的便利,现在利用地热蒸熟的花生、土豆很受游客欢迎,只需花上10元就可以品尝到。世界上有温泉的地方很多,但像腾冲热海这样面积广、泉眼多的并不多见,这里有10多个温泉,水温有90度以上,摄制组特意找了一个向导带我们去看热海的怀胎井。怀胎井有两口虽然离得很近,但井水的颜色却全然不同。

主持人:热海这里呢有很多有意思的地方,比如我们现在所在的怀胎井,那刚才这个景区的讲解员许晓凤告诉我说这里是两口井,如果想生儿子的话呢就喝这口井里的水,想生女儿呢就喝这口井里的水,这是一个美丽的传说是吗?

许晓凤:是的。

主持人:那为什么,我觉得很奇怪,就是两口井离得这么近,它的颜色会很不一样?

许晓凤:因为这个以前是一样的,颜色都是一样的,然后盈江地震以后,那边就变得有点奶白色的颜色。

主持人:那是什么原因,现在已经知道了吗?

许晓凤:现在还没有科学家来考察过。

配　　音:在和许晓凤攀谈中我们了解到怀胎井常年温度是88度,神秘的功效让这里成了热海所有泉眼中最神奇的一口,怀胎井前特意设立了一个石磨,井水经过这里冷却,很多游客来到这里都要喝一口井水,不知这井水味道如何呢?

许晓凤:是不是有点淡淡的咸味?

主持人:对,有一点淡淡的咸味,然后其实有点像就是煮完鸡蛋之后,煮完白水蛋之后的那个水的味道,然后没有很重的硫磺味。

许晓凤:里面是不含硫磺的,主要含氡元素。

主持人:所以呢要是到这边来看一看的话,也可以来尝一下这个怀胎井里面的水,会对调节身体也是有一个好处的。

配　　音:听许晓凤说每天都有接近300位游客来到怀胎井,其实热海的地质奇观早在300年前就存在,著名旅行家徐霞客也被吸引到这儿考察。

主持人:我们身后的这个景点呢,就是当年徐霞客来到这里看到的蛤蟆嘴了。你看它是不是特别形象,有一块白色绿色的石头,就好像张开的蛤蟆的嘴一样,然后就有这个泉水不断从里面喷出来,据说这个温度也挺高的,有97度。为什么它是唯一我们看到的喷出来的呢?

许晓凤:它是全国唯一一个脉动式喷泉,然后它像人的脉搏跳动一样是有节奏的,是每隔一到三秒喷发一次,射程是1.5米,水温有97度。

主持人:所以它的那个力量冲击力比较大。

配　音:这个热泉好似张开口的蛤蟆,生动自然,听当地人说,这个泉眼每天喷出的热水大约有200吨。

主持人:在这里有一个特别奇特的奇观,就是不仅是这边在热的喷热水,而且旁边呢还有一个在不断流淌的这个江水。我觉得很好奇这旁边是这么热的水,然后呢这边是这个流淌的江水,这个江水会不会也是温温的?

许晓凤:它这个江水是凉的。我们称它是"冰火两重天"。

配　音:在和许晓凤攀谈中我们了解到,现在每天大约400位游客来到这里,到了腾冲的人基本都会来热海游览,除了看地质奇观,泡温泉也是游客的一大选择。

主持人:你看那边就是我们的高温蓄水池,就是温泉水都在里面吗?就是把所有的温泉泉眼的水汇集到里面让它天然冷却,然后再加工后通过那个管道输送到我们的酒店,还有那些泡温泉的地方,就是泡的温泉,就是它所有的水都是我们看到的那些全都汇聚到一起,功效也都汇聚在一起,那就是到泡温泉那边,它的温度大概会达到什么样的?

许晓凤:40度左右。

主持人:有这么多有功效的温泉汇聚在一起,我也等不及,一会儿要去泡一下了。而且现在又开始下了一点小雨,可能在这雨中泡温泉,又是一种别样的享受了。

配　音:逛了一天,我们《远方的家——边疆行》摄制组稍微有些疲惫,我们要去体验这里泡温泉的滋味。这里的每个温泉池边还有温度计,提醒游客池内的水温,十分贴心。

主持人:太舒服了!一整天我们走进了火山的中心,也感受了热海的温度,而这一刻呢是真正感觉被热海相拥,被腾冲相拥,其实作为一个腾冲人真的是太幸福了!泡着温泉,还可以看着绿树、蓝天、白云,和大自然零距离接触,这真的是腾冲带给我们的惊喜,《边疆行》带给我们的惊喜。那我们呢也将洗去疲惫,继续出发!摄制组的兄弟姐妹们赶紧过来享受吧!

配　音:体验过热海泡温泉的滋味,我们《远方的家——边疆行》摄制组又踏上了旅程,这一站我们要到中缅边境的腾冲猴桥镇去看看边民生活发生的改变。

主持人:腾冲与缅甸相邻,国境线呢有148.075公里,那我们现在呢是从腾冲县城出发赶往国家一类口岸猴桥,去看一看边境线旁的风光。

配　　音:从腾冲县城出发摄制组赶往猴桥镇,猴桥镇与缅甸山水相邻,距缅甸密支那仅有163公里,这里是云南省保山市国土面积最大的乡镇,1 057平方公里的土地上居住着傈僳族、回族等少数民族同胞。种植烤烟,边贸发展让猴桥镇成了腾冲较为富裕的乡镇。虽然行驶在盘山公路上,我们摄制组还是欣赏到了旅途中的美景,蓝天下的绿树格外清新。途中不时有满载货物的大卡车从摄制组旁经过,这提醒着摄制组猴桥口岸就要到了。2004年,猴桥口岸正式成为国家级一类对外开放口岸,它也是云南省四大陆路口岸之一。车行半个小时,摄制组到了猴桥口岸的联检楼,但是这里的国门距联检楼还有17公里,摄制组继续出发。

主持人:我们摄制组现在就已经是在离国境线非常近的地方了,那这个国境线的划分在哪里呢?往我们身后看,这个中缅友谊隧道呢是在2009年的时候开通的,这条隧道的全长是465.51米,其中呢有184.1米是属于我们中国的,281.41米是属于缅甸的,也就是从这个山脊往下垂直划分的一个地方呢就是这个国境线了,那这样的一个隧道呢我们可以通过这个前面的光亮可以看得到。可以看得到光亮的地方呢就已经是缅甸了。

配　　音:站在国境线上,摄制组的国家意识感觉格外强烈。听同行的工作人员说,我们行驶的这条公路叫滕密路。

主持人:这条面前的公路呢叫作滕密公路,是由腾冲通往缅甸北部的一个重镇密支那,全长呢200公里,是由我们中方来出资建造的,它呢也是一个中缅友谊的象征。但是呢如果要通过这个隧道到缅甸的话,中间还要办很多手续,我们呢现在就不到那边去了。

配　　音:说到滕密公路,就不能不说著名的史迪威公路,滕密公路是沿着史迪威公路北线修建的。60多年前,滇缅公路因为抗日战争中断,为了保证物资供给,中美合作修建了从印度雷多到中国昆明的一条运输通道,这就是史迪威公路,它也是当时中国通往境外的唯一的陆路通道。来到中缅边界,摄制组决定去看看当年的史迪威公路如今是什么样子?沿着滕密公路旁边的小道,摄制组继续前行,大概行驶了20分钟就到达了中缅南四号界桩前。

主持人:这里呢已经是离国境线最近的地方了,我们整个摄制组的车只能开到这里,旁边这条不起眼的道路,其实它是著名的史迪威公路,有着将近70年的历史,也是滇缅公路当中很重要的一段。

配　　音:眼前泥泞弯曲的土路曾为滇西抗战运送了5万多吨急需物资,为了物资安全,公路都修在深山里,一边是悬崖,一边是高山,总是拐过来又拐过去,无数军民冒着生命危险劈山开路,为滇西抗战打通了一条运输生命线。在保护民族独立的那场战斗中,6万多中国军人献出了生命,至今腾冲县城还保留着滇西抗战最大的公墓国殇墓园,3 346名中国军人长眠在这里。现在国殇墓园成为纪念滇西抗战的标志性的地方,每天都有很多游客、军人的后代来凭吊英烈。站在史迪威公路上人们现在已经很难找到当年战争的痕迹了,如今人们来到这里体会到的更多是边境线上的和平与安宁。

主持人: 那在这公路旁边中国和缅甸是以山脊的分水岭来划分的,从这里就看得很清楚。它其实就从这个山头然后这样划分到这边的山头,也就是说如果我们从这里切一刀的话呢,就正好到了那个隧道当中划分的国境线的地方,那除了呢在这边还有一个中缅友谊碑,那这个友谊碑呢也象征了中国和缅甸之间的友谊。其实整个《边疆行》走过来,我们有看到中缅友谊大金塔,也有一些中缅友谊的字幅条,其实都能感受得到中国和缅甸之间的情谊,真的是源远流长,尤其是这种感觉在边境线上尤为强烈。

配 音: 腾冲与缅甸小城甘拜地相接,有人说甘拜地那儿是赌场,也有人说是度假酒店,但是中方有明文规定不许中国公民出境赌博。离开中缅友谊碑,摄制组又开始了下一站的行程,途经猴桥镇有一个叫黑泥潭的地方时,我们见到了正在施工的猴桥口岸新联检大楼。

主持人: 我们现在所在的地方叫黑泥潭,身后啊正在进行一个施工,等到2012年的时候,这里将建起猴桥口岸的一个新的联检楼。在这边呢,在我的右手边还将建起一个互市贸易的区域,这个联检楼和互市贸易区建好后,不仅会对中国和缅甸之间的贸易往来产生影响,还有产生最直接影响的就是我身后的这两个村寨了,这个叫作蔡家寨,这个叫作余家寨,现在呢他们居住的都是傈僳族的村民,我们现在就去看看他们现在的生活是什么样的。

配 音: 摄制组从新联检楼工地出发,行驶上弯曲的山道,大概15分钟就到达了猴桥镇余家寨村,黑瓦黄墙淳朴又自然,是摄制组对这个村子的第一印象,不时有穿着傈僳族服饰的村民经过我们的车辆,就在我们经过一户人家时,几个在磨刀的年轻人吸引了摄制组的注意。

主持人: 你们好! 你好! 几个年轻人都在忙碌着呢! 这是在?

年轻人: 我们在磨刀。

主持人: 磨刀啊,这个刀还挺特别的,怎么这么长,是干什么用的呀?

年轻人: 涮草果地,除草。

主持人: 草果啊,涮草果地? 用这个砍草果嘛! 是家里种的草果吗?

配 音: 草果是姜科豆蔻种植物的果实,目前中国的草果生产于云南、广西、贵州等地,每年10月到11月成熟,秋果最好,个大、饱满、色红、棕气味浓,位于中缅边境的猴桥是腾冲种植草果最多的地方。

主持人: 现在能经常见到缅甸人吗?

年轻人: 现在?经常。

主持人: 他们会买你们的草果吗?

年轻人: 没有,他们那边也种草果啦!

主持人: 那你们草果卖到哪里呢?

年轻人: 在县城卖。

配　音: 听这位叫于德保的年轻人说,他们家种了四五亩草果地,去年收成还不错,村子里很多户人家都靠种草果为生。

……

随着猴桥口岸开通到缅甸密支那的旅游路线,到这儿旅游的人越来越多,旅游也成了当地的一项重要收入。

主持人: 我们在黑泥潭停留的时间不长,但是真的为他们感到挺高兴,现在的这里的村民呢通过这个种草果,生活条件已经不错了,以后呢联检楼建成之后呢,相信他们也会有更多的打算,生活呢也会越来越好,也真心地祝福他们,带着这份快乐的心情我们继续出发!

配　音: 我们《远方的家——边疆行》摄制组离开了黑泥潭,在盘山路上行驶了半个小时回到了腾冲县城。此时,夕阳西下,落日余晖下的腾冲秀美迷人,我们摄制组也即将告别腾冲,踏上下一站的行程。

主持人: 大自然真的很眷顾腾冲,给了这里丰富的火山地热资源,而腾冲的每一位人呢也是勤劳智慧的,他们利用这些资源创造了属于自己的幸福生活。其实在腾冲的几天让我们深深觉得这里真的是一个非常适宜人居而且非常生活化的城市,让我们摄制组的每一位成员呢也都爱上了腾冲。不过我们边疆行的步伐不会停止,继续出发!

(中央电视台《远方的家——边疆行》第29集 2014年7月27日)

训练提示: 这是一期较为完整的旅游节目,可以参照节目视频进行模拟场景训练。语言轻松自如,口语化较浓,根据不同的内容或场景,变换说话的方式,不可一成不变,要以真诚介绍为主。可以根据自己的语言习惯进行适当改编,但是切记不要有太多的口水词,或者说话过于啰唆。

思考与练习：

1. 什么是生活服务节目？生活服务节目的语言特征有哪些？
2. 在你所观看的节目中，哪些节目是属于生活服务类？它的特点是什么？
3. 如何做好一档旅游节目？
4. 尝试用自己的方式为生活服务节目分类，这样分类的依据是什么？
5. 如何发挥好主持人的中介作用？
6. 请以一档节目为例，简述怎样才能处理好主持人有声语言和副语言的关系。

第三章　综艺娱乐节目主持

教学目标：了解综艺娱乐节目的理论知识,掌握综艺娱乐节目的主持技巧。
教学重点：综艺娱乐节目的概念、发展历程、现状及分类。
教学难点：综艺娱乐节目主持人风格特征及素养提升。
课时分配：10课时。

第一节　理论概述

一、综艺娱乐节目的概念

综艺娱乐节目是根据一定的主题思想,利用现代科技中的电子技术手段,运用独特的创作表现手法,将音乐、舞蹈、曲艺、戏剧、杂技等一种或多种艺术形式进行有机组合传播的节目形态。它集娱乐、信息、知识、欣赏、审美等多项功能于一体,既传承了艺术形态原有的艺术价值,又充分发挥了技术手段带来的艺术功能,大大满足了受众对艺术审美、文化娱乐、生活休闲的欲望和需求,成为诸多节目类型中最受大家关注和喜爱的一种节目形态。

二、综艺娱乐节目的发展

国内的综艺娱乐节目大致经历了四个发展阶段:首先是以综艺节目和电视综艺晚会为主的平稳起步阶段;其次是以电视游戏综艺娱乐节目为主的快速发展阶段;再次是以益智博彩、知识竞答为主的创新发展阶段;最后是以真人秀为主的争奇斗艳阶段。

1.以综艺节目和电视综艺晚会为主的平稳起步阶段

综艺节目是指通过主持人的串联,将诸多文艺样式组合在一起,通过电视等传播媒介,给广大受众以文化娱乐和审美享受的节目形态。早期的综艺节目有中央电视台《综艺大观》《正大综艺》《同一首歌》《欢乐中国行》、台湾电视公司《综艺万花筒》《女丑剧场》《超级星期天》、香港无线电视《欢乐今宵》、上海电视台《大世界》《大舞台》《快乐大转盘》《智力大冲浪》、山东电视台《星光50》等。

电视综艺晚会是指以电视为播出平台,以文艺晚会为演出形式,将各种不同艺术形态的文艺节目进行编排和创作,经过主持人的组织和串联,将文艺与娱乐融为一体,通过电子技术手段传播给受众的节目形态。最典型的如中央电视台自1983年开办的《春节联欢晚会》,各地方电视台逢年过节举办的庆祝晚会等,以及元宵节晚会、五一劳动节晚会、六一儿童节晚会、十一国庆节晚会、元旦晚会等专题性或主题性电视综艺晚会。

2. 以电视游戏综艺娱乐节目为主的快速发展阶段

游戏综艺娱乐节目相对于前期火爆荧屏的传统电视综艺节目,加入了更多娱乐元素,增强了与广大受众的互动性,让现场观众直接参与到节目当中。各种好玩的游戏、轻松活泼的氛围让受众眼前一亮,成为这一阶段快速发展的综艺娱乐节目形态。具有代表性的节目有湖南电视台《快乐大本营》、北京电视台《欢乐总动员》、安徽电视台《超级大赢家》、福建电视台《开心一百》、江苏电视台《非常周末》、河北电视台《激情久久》、山东电视台《快乐星期天》等。

3. 以益智博彩、知识竞答为主的创新发展阶段

益智博彩、知识竞答类节目延续了游戏综艺娱乐节目追求游戏娱乐效果的一贯风格,保留了游戏闯关等环节,出现了一些娱乐性与知识性兼备的问答环节,增加了参与者与现场及场外观众的互动等环节,使得节目极具亲和力。如中央电视台《幸运52》《开心辞典》《三星智力快车》、上海电视台《财富大考场》、贵州电视台《世纪攻略》、江苏电视台《夺标800》、广东电视台《赢遍天下》、重庆电视台《魅力21》等。

4. 以真人秀为主的争奇斗艳阶段

真人秀节目是指以电视为介质举办某一类比赛活动,并能从中获得经济效益的电视节目形态。真人秀有三个突出特征:纪实性、冲突性和游戏性。如今的真人秀节目没有很规范的定义,多指"由普通人在规定的情景中,按照预定的游戏规则,为了达到一个明确的目的,做出自己的行动,同时被记录下来而做成的电视节目",也可指"由制作者制定规则,由普通人参加与并录制播出的电视竞技游戏节目",还有人把它定义为"特定虚拟空间中的真实故事,以全方位、真实的近距离拍摄和以人物为核心的戏剧化的后期剪辑而做成的节目"。早期真人秀节目有湖南电视台《超级女声》《快乐女声》《快乐男声》、中央电视台《梦想中国》、台湾中视《超级星光大道》、东方电视台

《我型我秀》《加油,好男儿》、江苏电视台《绝对唱响》等。

三、综艺娱乐节目现状及分类

如今,电视荧屏上的综艺娱乐节目丰富多彩,收视率位居各大电视台节目的前列。综艺娱乐节目能够为快节奏生活的人们提供心理上的放松和精神上的愉悦,近些年来一直受到老百姓的喜爱。同时,受众各种各样的心理需求也催生出形式多样的综艺娱乐节目,无论是在传统电视还是网络平台,综艺娱乐节目都占据着主要市场。当然,它在快速发展的同时也存在着一些问题,比如节目同质化现象严重,过度娱乐化缺少文化内涵,等等,这些问题亟待解决。

通过认真调查和仔细观摩,如今活跃在电视荧屏和网络媒体的综艺娱乐节目类型和代表性节目总结如下。娱乐资讯类:《新娱乐在线》《娱乐星天地》《娱乐梦工厂》等;综艺晚会类:中央电视台《春节联欢晚会》《中秋晚会》《元宵晚会》、北京卫视《春节联欢晚会》、湖南卫视《跨年演唱会》《元宵喜乐会》等;游戏娱乐类:《快乐大本营》《王牌对王牌》《幸福账单》等;选秀比赛类:《星光大道》《出彩中国人》《中国好声音》《超级女声》《快乐男声》《中国达人秀》《最美和声》等;音乐歌唱类:《我是歌手》《蒙面歌王》《中国之星》《我爱记歌词》等;女性时尚类:《美丽俏佳人》《我是大美人》等;喜剧小品类:《欢乐喜剧人》《笑傲江湖》等;求职招聘类:《非你莫属》《职来职往》等;明星竞技类:《年代秀》《极限挑战》等;益智答题类:《开心辞典》《幸运52》《三星智力快车》《开门大吉》《一站到底》《好好学吧》《联合对抗》《以一敌百》等;婚恋速配类:《非诚勿扰》《我们约会吧》《百里挑一》等;娱乐访谈类:《大牌驾到》《超级访问》《非常静距离》《金星秀》《天天向上》《向幸福出发》等。

四、综艺娱乐节目主持人风格特征

综艺娱乐节目主持人风格灵活多样,或大气高贵,或温文尔雅,或清新可爱,或聪明伶俐,或博学睿智,或轻松幽默,或多才多艺,或激情演绎,或语言犀利,或亲和友善……总之,主持人的个性和风格非常突出,这恰恰也是他们深受广大受众喜爱的重要原因。另外,风格的形成,与时代、民族、地域和节目本身等客观因素密切相关,且与主持人性格气质、生活经历、审美追求、业务条件等也联系紧密。

概括起来,综艺娱乐节目主持人有以下几种类型:(1)高贵典雅型;(2)自然亲和型;(3)轻松愉悦型;(4)风趣幽默型;(5)机智灵活型;(6)个性鲜明型。[①]

---

① 刘洋,林海.综艺娱乐节目主持概论[M].北京:中国传媒大学出版社,2007:47-64.

五、综艺娱乐节目主持人素养提升

若想成为优秀的综艺娱乐节目主持人,就必须加强个人能力的锻炼,提升自我综合素养,并始终坚持文化自觉、文化责任、文化追求。首先,要增强政策观念,努力提高政治水平;其次,要完善知识结构,不断提高文化素质;最后,要加强专业修养,不断提高业务能力。

作为一名综艺娱乐节目主持人,理解感受能力的培养,语言表达能力的锻炼,生活实践的积累都很重要。主持人语言艺术包括有声语言和副语言的表达运用。电影、戏剧、歌唱、朗诵等艺术在语言运用和声音控制上都有自己颇为成熟的经验,综艺娱乐主持人要多借鉴、多学习,尽力做到博采众长。

第二节 示例分析

示例一

新娱乐在线(片段)

刘晔: 天下娱乐零距离,这里是正在为您播出的《新娱乐在线》,我是刘晔。那在节目一开始,我们先来看一下今天都会有哪些娱乐资讯带给大家。范冰冰漂亮吗? 赵薇是这么回答的。《花样姐姐》第二季华丽来袭,挑夫弟弟亨瑞努力示好,无奈遭宋丹丹狂吐槽。《霓虹灯下的哨兵》开演,曹可凡自爆囧事,因为身材问题被导演嫌弃了。

刘晔: 3月12号晚上8点30分,东方卫视第二季《花样姐姐》开播了。这一次呢,除了有新姐姐宋丹丹等人的加盟之外呢,还来了一位新挑夫,韩国Super Junior-M的成员亨瑞。那这位初来乍到的音乐才子,据说没少被刀子嘴豆腐心的丹丹姐吐槽,他这么可爱,究竟是什么原因呢? 一起来看一下吧。

配 音: 帅气、可爱、调皮,这就是本次《花样姐姐》中的另一位挑夫,Super Junior-M的成员亨瑞。1989年出生的亨瑞原名刘宪华,今年27岁,出生在加拿大,大家可别小看他,他可是能够说一口流利的中文的,不仅能说会道,而且反应迅速。看来,亨瑞这次在姐姐团里,肯定也会有不少的精彩故事。作为姐姐团里的新晋挑夫,亨瑞自然也会担当起挑夫的责任,提箱子、送餐,还要负责保管好姐姐们的随身财物,即便聪明伶俐的亨瑞,似乎也难以在一开始就顺利融入姐姐团中,对着镜头发呆,甚至被姐姐们问得发懵,这都是常有的事。想要了解更多好玩有趣的故事,一定要锁定今晚东方卫视的《花样姐姐》,新娱乐在线编辑报道。

(上海广播电视台《新娱乐在线》2016 年 3 月 12 日)

示例分析:(1)节目类型:娱乐资讯类。

(2)节目主题:《新娱乐在线》是一档立足上海、放眼全球的娱乐资讯节目。自 2003 年开播以来,节目坚持在娱乐资讯领域不断探索,连续多年全程报道柏林电影节、格莱美颁奖典礼、奥斯卡颁奖典礼、戛纳电影节等国际顶尖娱乐盛事。《新娱乐在线》通过上海、香港、北京三地演播室的联动以及全球多个国家和地区特约记者的网络优势,网罗国内外所有重大的文化娱乐资讯。

(3)受众定位:追逐潮流、关注娱乐新闻的年轻人。

(4)主持风格:娱乐新闻的内容和结构往往不会太复杂,更多是描述性和叙述性的语句。面对题字器,主持人在表达的时候可以稍加处理,既要表达得生动形象,还要准确传达出消息主旨,不过不能为了娱乐而娱乐,完全不顾新闻的真实性和可靠性,一定要努力将"娱乐化的新闻"和"娱乐新闻"区分开来。说新闻时注意气息控制,尽量做到灵活自如,用声状态轻松自然,基调清新、积极、热切、欢快、明亮。对于描述性、叙述性较强的语言要做到情景再现,并在多种表达技巧综合运用的过程中将消息的新鲜感体现出来。同时要把稿件中段与段的脉络理清楚,找到语句之间的逻辑关系,比如:"《花样姐姐》第二季华丽来袭,挑夫弟弟亨瑞努力示好,无奈遭宋丹丹狂吐槽。"一层是转折关系,另一层是语气上的对比关系。主持这样的节目时语气和节奏一般都是根据具体的内容来拿捏把握的,语势的幅度可以稍微大一些,加强个性化的表达。

(5)仪表仪态:这种节目一般给的镜头是中景或近景,主持人动作要得体大方,不要过多、过碎;穿着要时尚靓丽,引领时代潮流,符合综艺娱乐资讯节目整体美的风格需求。

示例二

2016 年春节联欢晚会(片段)

朱军:春到福来春上昆仑云天外,

周涛:春到福来春漾黄河冰雪开,

撒贝宁:春到福来春绿神舟住心怀,

董卿:春到福来春潮四海歌豪迈,

尼格买提:春到福来春风万家又一载,

李思思：春到福来春满中国大舞台。

朱军：中国中央电视台，

周涛：中国中央电视台，

董卿：亲爱的观众朋友们，此时此刻我们是在中央电视台一号演播大厅，通过中央电视台综合频道、综艺频道、中文国际频道、军事农业频道、少儿频道为您现场直播2016年《春节联欢晚会》。

撒贝宁：在这辞旧迎新之际，我们向全国各族人民，向香港特别行政区和澳门特别行政区同胞，向台湾同胞和海外侨胞，向全世界的中华儿女拜年啦。

尼格买提：我们向中国人民解放军、全体指战员拜年啦。

李思思：我们向武警部队官兵，向公安民警，向此刻仍然坚守在工作岗位上的朋友们，道一声过年好。

董卿：在这里呢，我们也要特别向遭遇地震灾害的台湾同胞表达我们最深切的关怀和问候，在这里也向大家拜年了。

朱军：在以习近平同志为总书记的党中央坚强领导下，全国各族人民努力奋斗，"十二五"规划圆满收官。我们又满怀着丰收的喜悦，昂首步入了"十三五"决胜小康的开局之年。

周涛：2015年随着全面建成小康社会、全面改革开放、全面依法治国、全面从严治党战略布局的协调推进，我国的经济、政治、文化、社会、生态文明建设和党的建设迈上了一个新台阶。

撒贝宁：新的一年我们将深入贯彻创新、协调、绿色、开放、共享的发展理念，你我中国梦，全面建小康。这是全体中华儿女共同的心愿。

董卿：东西南北中，全民大联欢。今年的春晚除了北京的主会场，我们还在福建泉州、陕西西安、广东广州、内蒙古呼伦贝尔设置了四个分会场，我们要和大家一起共度除夕夜，欢庆中国年！

(中央电视台《2016春节联欢晚会》2016年2月7日)

示例分析：(1)节目类型：综艺晚会类。

(2)节目主题：中国中央电视台《春节联欢晚会》简称"春晚"，是中央电视台每年为庆祝农历新年，在除夕之夜举办并现场直播的综艺性文艺晚会。从1983年开办至今，央视春晚是中国规模最大，最受关注，动用人力、物力、财力最多，收视率最高，影响力最大的综艺晚会。2012年，春晚被认定为"全球收看人数最多的晚会"，获得吉尼斯世界纪录证书。2015年2月12日，央视春晚宣传片首次亮相美国纽约时代广场。

(3)受众定位：全世界华人。

(4)主持风格:在春晚这样大型的文艺晚会上,主持人的开场白举足轻重。开场白应与晚会的主题、节目的串联以及主持人的语言风格相适应。整个开场白要契合主题,联系背景;承上启下,点到为止;贴近风格,因人而异。朱军连续多年主持春晚,经验相当丰富,主持风格稳重成熟;周涛是春晚上的老面孔,既庄重美丽,又和蔼可亲;董卿的主持风格高贵华丽、雍容大气;尼格买提是春晚的新面孔,给观众带来了新鲜感,主持风格阳光帅气、从容自信;李思思极具亲和力,作为较为年轻的主持人,主持风格清新自然、优雅自如;撒贝宁是一个全能的主持人,在春晚的舞台上,他的主持风格幽默风趣、灵活多变。

(5)仪表仪态:春晚主持人的着装是非常讲究的。主持人会提前找好设计师量身定做礼服,既要端庄大方,又要符合节日的喜庆氛围,还要比往年有所突破和创新。因为春晚是一个国家对外宣传的直接窗口,彰显一个大国的文化气魄、审美意识。主持人在舞台上的一举一动要符合春晚的基调和节奏,根据不同的节目、不同的情景灵活调整有声语言和副语言的表达风格。

示例三

快乐大本营(片段)

何 炅:谢谢,欢迎各位在每周六的晚上来到VIVO智能手机,快乐大本营,我们是——

合:快乐家族。

何 炅:今天欢迎我们的特别来宾,欢迎各位。

李维嘉:一一问候一下吧,其实他俩来自一个剧组。

何 炅:那首先是我们沈腾、马丽,9月30号的《夏洛特烦恼》跟大家见面,这是一部之前点映的时候就口碑爆棚的好电影。

谢 娜:是的,是是是,沈腾你导演的吗?

沈 腾:不是,是我主演的。

李维嘉:这个很重要。

谢 娜:沈腾!还钱!

何 炅:还记得这个事呢。

何 炅:是这样的,沈腾很多年前有一次过生日,当时沈腾就在生日聚会上喝醉了,谢娜也喝醉了。谢娜在冲动之下就帮沈腾把那天的生日聚会的单买了,后来谢娜后悔了一辈子,然后谢娜在当面和背面用各种方式跟沈腾提出了两个字的要求。

谢 娜:还钱,那你现在混得也不错,还不还钱?

沈　腾：还不行，还不行。

马　丽：先跟大家打个招呼。

沈　腾：谢娜把我耽误了，耽误我跟大家打招呼了，大家好，我是沈腾，《夏洛特烦恼》电影中间的夏洛的扮演者。

马　丽：大家好！我是马丽，那么《夏洛特烦恼》当中呢我扮演夏洛的媳妇——马冬梅。

何　炅：你知道这部电影最大的卖点是什么么？就是沈腾扮演一个高中生。

沈　腾：它是一部青春片。

谢　娜：(怒摔台本)为什么？

何　炅：重点是沈腾扮演一个高中生哎。

谢　娜：不是，你脸上褶子怎么弄的啊？

何　炅：马丽我就觉得毫无违和感。

马　丽：我没问题，我就是本色出演，但是腾哥演的时候……

何　炅：沈腾你演的时候是不是不能笑啊？

沈　腾：整个我笑不笑都晚啦，我不笑的时候也有几段褶子。

何　炅：那你是怎么劝服自己去饰演这个角色的？

沈　腾：说服自己的这个过程并不困难，主要是说服大家跟说服导演。

何　炅：接下来就是在过去的一段时间内创下非常好成绩的，他们已经来过很多次了。

谢　娜：你们是一个组合吗？

何　炅：我们在《花千骨》当中两位非常优秀的演员，我们的张丹峰和徐海乔。接下来是我们中间这一组，是我们台正在热播的《云中歌》的两位主演，我们的陈晓以及杜淳。

陈　晓：大家好，我是在这部热播剧当中饰演刘病已的，然后我觉得大家能这么喜欢这部剧，我也觉得很开心(很心虚地转过了头)。

杜海涛：怎么跟唠家常似的呢。

李维嘉：而且你很仓促地说完这一段，要去哪啊？哈哈。

何　炅：而且一播就创下收视奇迹啊。

李维嘉：而且没有自己说我在这部热播剧里。

何　炅：大家知道笑点吗，因为我们节目都是提前录的，这期节目录制的时候《云中歌》其实没播，哈哈！

(湖南卫视《快乐大本营》2015年10月17日)

示例分析:(1)节目类型:游戏娱乐类。

(2)节目主题:《快乐大本营》是湖南电视台于1997年7月11日开办的一档游戏类综艺性娱乐节目,目前固定在每周六晚黄金时段播出,是湖南卫视上星以来一直保持的优秀品牌节目。主持人也从开办之初的两人发展到今天全国首创的主持群。节目以新鲜的题材、多样的形式、清新的风格、新奇的内容广受好评。《快乐大本营》每期都会邀请该时段当红的电视剧剧组或是演员、歌手和导演作为嘉宾,节目在为大家带来快乐的同时,也传播了丰富的文化知识,引领着时尚和潮流。

(3)受众定位:年轻人,以小学生、初中生、高中生为主。

(4)主持风格:何炅的主持风格诙谐幽默、风趣搞笑,但又能洞察台上每位嘉宾的感受,让大家觉得很温暖。谢娜是位个性十足的综艺节目主持人,活泼率真、机灵搞怪,她创造了综艺舞台上诸多的"娜式"经典台词。李维嘉非常睿智,总能在大家意料不到的地方冷静地"补一刀",让观众瞬间开怀大笑。杜海涛在节目中一般是一个笨笨的角色,纯真友善、憨厚可爱。吴昕在节目中台词不多,但游戏的每个环节都会积极参与。

(5)仪表仪态:快乐家族每期节目穿着都相当靓丽,他们的衣服都是量身定做的,款式时尚前沿,有时也会奇葩怪异。总之,综艺色彩极浓。主持人在舞台上动作较多,走位也较随意,会根据导演需求及情景需求来丰富节目效果。

示例四

开门大吉(片段)

尼格买提:欢迎来到由常喝气色好的汇源桃果肉独家冠名播出的《开门大吉》,一档零门槛参与游戏互动,轻松实现家庭梦想的益智游戏节目,我是尼格买提,欢迎各位。

在我这里你不需要能歌善舞,你也不用死记硬背,你要做的只有一件事,那就是按响门铃,打开大门,惊喜和快乐就在门背后等待着你。来为即将上场的各位选手加加油,实现家庭梦想,一起开门大吉。

(与嘉宾互动节选)

尼格买提:谢谢这位歌手给我们带来的这首歌,也恭喜你,黄琬婷,现在你已经获得了10 000元的家庭梦想基金,要不要继续走?接下来是第六扇门,15 000元,你们觉得呢?

嘉宾:我觉得见好就收,其实我今天来我的家庭梦想就已经实现了。我觉得见到了小尼哥,然后我收获了很多东西,我也知道了自己以后的路应该怎么去努力,我非常感谢,感谢《开门大吉》这个平台让我站到了这里。

尼格买提:也感谢你,让我和女神有了一次近距离接触的机会。黄琬婷是一个学习播音主持、有着演员梦的女孩子,希望接下来你的天空是明亮的,希望你从"千颂伊"开始,今天是千颂伊,明天华丽转身变成独一无二的黄琬婷好吗?

……

尼格买提:怎么样,实现梦想的过程就是这么简单,如果你的梦想够勇敢、够疯狂、够浪漫。干吗你不来?这里是开门大吉,我是尼格买提,下期再见。

(中央电视台《开门大吉》2015年5月11日)

示例分析:(1)节目类型:益智答题类。

(2)节目主题:《开门大吉》是中央电视台全新推出的大型益智游戏类综艺节目,由尼格买提主持,在2013年1月首播。节目鼓励普通人通过游戏闯关的方式实现自己的家庭梦想,通过多种艺术方法挖掘、展现普通人的人性光辉,和观众进行情感沟通。

(3)受众定位:热爱音乐的电视观众。

(4)主持风格:尼格买提阳光帅气的少数民族形象让他在央视诸多综艺节目主持人中独树一帜,活泼清新、自然时尚、幽默机智是小尼的主持风格,因为阳光帅气的外表、热情灿烂的笑容,网友把这位维吾尔族大男孩儿称为"灿烂哥"。

(5)仪表仪态:《开门大吉》每期节目中,小尼都会身穿时尚的服装与大家见面,衣服既得体大方又青春时尚。节目中,小尼不仅有标志性的灿烂笑容,还有节目组为他量身定做的肢体语言传播符号,让观众过目不忘。

示例五

欢乐喜剧人(片段)

郭德纲:谢谢,你们太热情了,谢谢,我听见了,听见了,谢谢。管我叫什么?

观　众:男神!

郭德纲:男神啊,我记得以前这个台上有一个男神叫吴秀波。

观　众:没有你帅!

郭德纲:没有我帅是吧!

观　众:对!

郭德纲:你们老这样我会骄傲的。这个伟大的节目叫《欢乐喜剧人》啊,第一季的时候就找我了,然后我说,我说你们这个节目有没有冠名商啊?他们说没有,我说那你们找吴秀波去吧,秀波特别老实,他就答应了啊。第二季的时候他们又来找我了,进门告诉我有冠名商了啊,我说那我必须要来啊。

郭德纲:今晚的首发阵容是我能想到的中国最具代表性的喜剧人和喜剧团队,他们面对的是12周的艰苦创作,72个全新的喜剧作品以及现场500位观众,你们在这个场上有绝对的话语权,我说了不算,你们说好看就是好看,说不好看,你说出大天来也不管用。现在,我郑重宣布《欢乐喜剧人》第二季正式开始!今晚登台的第一位喜剧人是,你们肯定会尖叫的啊,他们就是——

观　众:开心麻花!

郭德纲:你们是托吧。

郭德纲:开心大家都知道,是做喜剧的,麻花呢,可能是他们做喜剧之前的工作吧,来,掌声有请,开心麻花。

(东方卫视《欢乐喜剧人》第二季 2016 年 1 月 17 日)

示例分析:(1)节目类型:喜剧小品真人秀类。

(2)节目主题:《欢乐喜剧人》是全国首档明星喜剧竞赛真人秀节目。该节目第一季由吴秀波担任主持,由贾玲、宋小宝、沈腾、吴君如、刘仪伟、乔杉等作为参赛选手,通过各种节目样式传递快乐。最终,沈腾夺得冠军。第二季由郭德纲担任主持,由小沈阳、潘斌龙、崔志佳、岳云鹏、詹瑞文、赵正平、王宁、艾伦等作为参赛选手。《欢乐喜剧人》旨在网罗各路民间喜剧人才,用语言的幽默力量传递人间快乐笑声。

(3)受众定位:热爱喜剧小品的观众,受众群年龄段分布较广。

(4)主持风格:主持人郭德纲是位相声演员,说相声的他才华横溢、出口成章,作品"包袱"频频,语言节奏掌控自如,尺寸拿捏到位,现场即兴表达能力极强。作为主持人的他恰恰发挥了这些优势,在喜剧小品真人秀比赛中,口齿伶俐、能说会道、谈笑风生、妙语连珠,使紧张的比赛氛围多了些许幽默风趣的转场,参赛选手也得到了放松。

(5)仪表仪态:主持人郭德纲根据不同情境和语境,灵活自如转变肢体语言,穿着大方得体,与他的气质、气场协调统一。

示例六

我是歌手（片段）

汪涵：既然我是这个舞台的节目主持人，那接下来，就由我来掌控一下。首先，我要请导播抓紧时间给我准备一个3至5分钟的广告时间，谢谢，我待会要用。接下来，我要说的这段话，有可能只代表我个人的观点，而不代表湖南卫视的立场。我从21岁进入到湖南广电，我觉得我身上的很多优点和缺点似乎都打上了湖南广电的很多烙印，包括所谓"没事儿不惹事儿，事儿来了也不要怕事儿"。对于一个节目主持人，在这么一场大型直播当中，一个顶尖级的歌手，一个顶梁柱一样的歌手，突然间宣布退出接下来的比赛，我想应该是"摊上事儿"了，甚至"摊上大事儿"了。但是说实话，我的内心一点都不害怕，因为一档成功的节目，有两个密不可分的主体，除了舞台上的这7位歌手之外，还有电视机前的亿万观众和现场这么多的观众。我之所以不害怕，是因为你们还真诚地、踏踏实实地坐在我的面前，我还可以从各位期待的眼神当中读到你们对接下来每一位要上场的歌手，他们即将演唱的歌曲的那一份期许，我还可以从各位的姿态当中，感受到你们内心当中那种力量，这种力量足够给楠哥，给红姐，给the one，给李健，给维维，给黄丽玲，给彦斌，给所有的歌手，已经准备好了，会有千万掌声，要送给他们。楠哥，不信，你听（掌声），这是我要说的第一层意思。第二层意思，我想表达的是，我虽然不同意楠哥的一些观点，但是我誓死地捍卫您说话的权利，所以，我刚才听到那一段的时候，并没有试图打断您要说的话，虽然我可以这么做。其实每一位歌手来到这个舞台，他都有权利选择我来或者不来，当然，您也有权利选择在您认为是对的时刻，依着自己认为对的那份心情作出你要离开的决定。所以，我相信，我们应该尊重一个成熟男人在这一刻作出的决定。当然，我们在这里要提出一个希望和请求，希望您以一个观众的身份继续坐在这个地方，来看你最爱的弟弟妹妹们向歌王的舞台进军，我也相信我们现在500位大众评审已经做好了准备，用掌声来接纳这位不期而至的观众。不信，你听（掌声）。接下来，对于我个人，一个主持人，我在台上不可能有这么快的反应速度，也不可能有这么大的权利，来调整接下来因为楠哥的退出而要改变的比赛的规则，因为有一个歌手要退出，所以比赛规则要作出相应的改变，所以请导播在这一刻放3至5分钟的广告，我要跟我们的制作团队、跟我们的领导一起商量，怎么来进行节目上和赛制上相应的调整。各位观众朋友，真的千万不要走开，还是那句话，真正精彩的时刻或许会从广告之后再开始，马上回来。

（湖南卫视《我是歌手》第三季总决赛2015年3月27日）

示例分析：(1)节目类型：音乐歌唱真人秀类。

(2)节目主题：《我是歌手》是湖南卫视从韩国电视台引进推出的歌唱真人秀节目，由洪涛团队打造，节目每期邀请7位已经成名的歌手进行竞赛。这档节目是中国首档歌手对决节目，它集结了乐坛诸多资深唱将、中流砥柱和新生代，打造独一无二的顶级豪华音乐盛宴，给广大音乐爱好者不一样的视听享受。

(3)受众定位：热爱音乐的观众。

(4)主持风格：主持人汪涵睿智、幽默、博学，生活中的他懂得感恩，一直努力读书，有足够多的积淀。汪涵最初从场工做起，杂务、灯光、摄影、音控、现场导演等工种样样涉足，最终通过自己的努力一步一步获得了今天的成绩。这段文字主要反映出一位主持人面对突发状况的处理能力，汪涵的这次救场证明了他多年"磨剑"的深厚功底。现场直播主持的压力就与一出现场即兴话剧一样，尤其是在有着极高收视率的7位顶尖歌手的盛大比赛中，汪涵睿智地缓解了现场的尴尬，使比赛顺利进行。因此，控场能力(常规控场、应变控场)是电视综艺娱乐节目主持人需要具备的一种极为重要的能力。

(5)仪表仪态：主持人汪涵从容淡定、冷静智慧，不慌不忙、相当自如地处理了现场突发状况。汪涵最具标志性的荧屏形象是他戴着一副眼镜，让观众印象深刻。另外，干净利落、简洁的穿衣风格也给他加分不少。

第三节　训练稿件

稿件一

星光大道（片段）

朱军：现场和电视机前的观众朋友们，欢迎来到——

合：星光大道！

朱军：今天是我们2016年的第一个月赛，而这个月赛呢，非常有意义，因为在3月份。我们都知道1963年毛泽东为雷锋同志题词"向雷锋同志学习"，所以3月5号也被确定为"学雷锋日"，而3月就自然而然地成了"学雷锋月"。刚才我们2015年的优秀选手为我们演唱了一组助人为乐的歌曲，所以在这个月里，听这样的歌，觉得特别温暖，充满了正能量。

小尼：浑身都是劲儿！

朱军：小尼，那我问问你啊，你这个年龄，有没有唱过学习雷锋的歌曲。

小尼：当然了，有一首歌，

朱军：啊，哪一首？

小尼：从小唱到大。

朱军：你唱唱。

小尼："我在马路边，捡到一分钱，把它交给警察叔叔手里边，叔叔拿着钱，对我把头点，我说了一声，叔叔再见。"

朱军：最后一句是"我高高兴兴地说了声，叔叔再见。"对不对？对吧，周群？

周群（嘉宾）：不对，最后一句是"我高兴地说了声，叔叔再见"。

朱军：对哈，这拾金不昧的精神也是我们雷锋精神的一部分，对不对？

观众：对！

小尼：影响了我们几代人。

朱军：这些关于雷锋的歌、助人为乐的歌，其实我们都应该在心里不断地温习。

小尼：必须的呀！好，接下来非常隆重地为大家介绍我们2015年的八强选手，虽然是2016年，但是你们在舞台上每一个精彩时刻，观众都牢牢记在心里。

（中央电视台《星光大道》2016年3月5日）

训练提示：《星光大道》是中央电视台综艺频道在2004年10月推出的一档选秀节目，2015年5月起由朱军和尼格买提主持。节目本着"百姓自娱自乐"的宗旨，突出大众的参与性、娱乐性、互动性，力求为全国各地各行各业的普通劳动者提供一个放声歌唱、展现自我的舞台。2013年新年伊始，《星光大道》改版升级。升级后的《星光大道》在舞台效果、选手水准、评委阵容等多方面获得提升，也得到了广大观众的普遍关注与好评，收视率进一步提高，可以说是老牌节目锐意创新的一次尝试。两位主持人在节目中配合默契，经常互相调侃，加入了相声艺术中一捧一逗的表演元素，使得现场笑声不断。每个节目的串场分寸把握恰到好处，既有新意、创意，又保证了节目传播"正能量"的理念，深切鼓舞了现场及电视机前的观众，让参赛者不仅展现了才艺，还感受到了生活的美好。

稿件二

中秋晚会（片段）

孟盛楠：各位亲爱的现场及电视机前的观众朋友们，

张卫健：全世界的华人华侨朋友们，

王　洋：大家好，我们正在为您直播的是2015中央电视台中秋晚会，

鲁　健：我们在四川绵阳的李白故里美丽江油向您问好。

孟盛楠："笙歌一曲唱中秋，赊月把酒到江油。"千百年来诗仙描绘的月光照亮了一代又一代中国人的乡愁，也明媚了我们记忆中关于故乡的印象。

鲁　健：中央电视台的中秋晚会呢，也是第一次走进西部，走进四川，走进李白的故里江油。

王　洋：没错，而且此时此刻呢，我们晚会直播现场所在的青联小镇以及附近的大匡山，就是李白少年时读书、生活和写诗的地方。

张卫健：既然来了，我们何不静静地坐下来小酌一杯呢？

鲁　健：太好了，趁着良辰美景，花好月圆。

孟盛楠：说不定啊，咱们还能听见当年诗仙琅琅的读书声。

（费玉清歌曲后　串场）

鲁　健：谢谢费玉清用歌声告诉我们他最偏爱的是水中的月亮，所以我也特别想问问电视机前的您，到底对哪里的月亮情有独钟呢？

孟盛楠：在中秋晚会的筹备过程中，我们和央视网共同发起了"我心中的最美赏月地"的征集活动，消息一出，就引来了海内外网友的热情参与。

鲁　健：那我们身边的大屏幕呢，大家可以看一看，就是网友们从世界各地发来的他们心中的最美赏月地。

孟盛楠：说实话哈，我们真的无法评选出哪里的月亮最美，但是我相信在每个人的心中都珍藏着这样一个地方，它或许是我们思念的故乡，或许是我们路过的风景，又或许是我们正在寻找的远方。

鲁　健：中秋团圆之夜花好月圆，这个时候不管您身在何方，只要对着月亮，脱口而出的那个地方，可能就是你们心中的最美赏月地。

孟盛楠：不是有句话说得好嘛，"明月千里寄相思"啊，面对今晚的这轮圆月，您又会想起谁呢？如果你希望你心中的想念被更多的人知道，那就赶快参与我们在秋晚直播过程当中开展的互动话题：你在思念谁。

鲁　健：思念有时候是苦涩的，但有时候又是甜蜜的，那接下来呢一首大家非常熟悉的《甜蜜蜜》带给大家，我们有请来自香港的赵雅芝。

（节目串场）

张卫健：中秋节还有很多别称，比如说拜月节、追月节、玩月节、月夕，或者直接叫月亮节。

王　洋：好多美丽的名字啊，我想无论是什么样的称谓，月亮都是秋季绝对的主角。

张卫健：人世间最美好的情感都是相通的，就好像李白的《静夜思》，它不仅在中国人人皆知，还赢得了全世界的共鸣。

王　洋：没错，今年的3月21号是世界诗歌日，联合国发行了一套世界六种主要语言的诗歌纪念邮票，其中所选的汉语诗歌就是这一首被人们反复吟唱的《静夜思》。

鲁　健：我觉得此时此刻花好月圆，而我们又相聚在诗仙李白的故里，真的没有什么比诗仙李白的诗句更能表达我们此时此刻的心情了。

王　洋："明月出天山，苍茫云海间。"这是李白登高望远时的欢唱。

张卫健："青天有月来几时，我今停杯一问之。"这是诗人仰望天空时的深邃。

孟盛楠："我寄愁心与明月，随君直到夜郎西。"这是老友送别时的牵挂与叮咛。

鲁　健："且就洞庭赊月色，将船买酒白云边。"这就是李白举杯邀月的那一份豪情啊。

孟盛楠："江行几千里，海月十五圆。"让我们对月高歌，相约海上明月。

（中央电视台《中秋晚会》2015年9月27日）

训练提示：中央电视台《中秋晚会》，简称央视秋晚，是央视为庆祝中华民族一年一度的传统节日——中秋节而举办的综艺晚会，也是海内外中华儿女寄托思乡之情的最好平台。主持人一般由中央电视台及地方电视台主持人和来自港澳台的艺人组成，主持风格符合中秋之夜阖家欢乐的气氛，亲和友爱、大气高贵，而且充满诗情画意。每年的中秋晚会来到不一样的城市，主持词也会根据所到城市的历史、文化、艺术、民俗等做足文章，给人以不同的感受。

稿件三

五月的鲜花（片段）

（开场白）

尼格买提：用青春书写梦想，让梦想点亮未来。各位青年朋友们，大家——

合：晚上好！

李思思：这里是由中宣部、教育部共青团中央指导，由中国中央电视台承办，中国教育电视台协办的"梦想点亮未来"2015年《五月的鲜花》全国大学生文艺汇演专题节目。

梁植：今天是五四青年节，让我们一起向全国的56个民族的青年朋友们说一声——

合：节日好！

谢雨筱：作为当代学子，我们对于五四运动的最好纪念，就是在党的领导下，用社会主义核心价值观凝聚青春力量，让五四精神焕发时代光芒，在实现中国梦的伟大实践中创造精彩人生。

尼格买提：国无德不兴，人无德不立，社会主义核心价值观就是一种德。它既是个人的德，也是一种大德，是国家的德，是社会的德。

李思思：亲爱的青年朋友们，就让我们将这种德内化于心，外化于行，扬帆梦想，德行天下。

（结束语）

尼格买提：共筑中国梦，拥抱五月的鲜花；

李思思：共筑中国梦，高扬鲜红的旗帜；

梁植：共筑中国梦，扬起理想的风帆；

谢雨筱：共筑中国梦，践行青春的誓言。

尼格买提：让我们以勤学、修德、明辨、笃实为人生座右铭，自觉践行社会主义核心价值观，为祖国奉献青春、智慧和才华，谱下无怨无愧的华美乐章。

李思思：让我们跟随推进四个全面的铿锵步伐，拾级而上，戮力前行，为实现"两个一百年"的奋斗目标、为实现中华民族伟大复兴的中国梦贡献自己的青春力量。

尼格买提：朋友们，"梦想点亮未来"2015年《五月的鲜花》全国大学生文艺汇演专题节目到这里就要跟您说再见了，我们明年再见。

合：再见！

（中央电视台《五月的鲜花》2015年5月4日）

训练提示：《五月的鲜花》是中央电视台在每年5月4日播出的一场大学生文艺晚会，有关青春，有关梦想，有关国家，有关未来。节目的基调决定了主持人的基调：青春朝气、蓬勃向上、催人上进，晚会中谱写了一篇又一篇动人华章，如实描绘了一段又一段难忘的历史回忆，体现了青年人的文化自觉、文化责任和文化追求。

稿件四

王牌对王牌（片段）

（约7分47秒，王力宏、SHE和TFBOYS上场）

沈涛：哎，力宏，有没有发现你今天面对的对手其实和你的年龄还是有一定的差别的。

王力宏：有差。

沈　涛：你和他们直面竞争内心是怎么想的？

王力宏：我想我们今天是很良性的竞争吧。

Ella：是吗，我不是这么想的哎。要尊敬我们，对，因为我们吃的盐巴比他们吃的米还要多。（游戏规则短片开始）

沈　涛：欢迎来到浙江卫视大型棚内明星艺能成长节目《王牌对王牌》，我是沈涛。

谢　娜：我跟你说，Ella，他（王源）撒娇比你厉害。

Ella：真的吗，来呀来呀。（两位比撒娇中）

谢　娜：肚子出来了。

任家萱：都很厉害。

沈　涛：在台上居然出现了以撒娇的方式来向对方叫嚣，但是我觉得叫嚣得非常非常好。

谢　娜：我们喊出我们的口号好不好？

（约24分05秒，谢娜队暂时比分落后）

谢　娜：我们最重要的是快乐对不对，对！快乐！

Ella：他们已经开始自我安慰了……（双方呼喊口号）

沈　涛：那成为一名出众的、全能型的偶像艺人的话，一定要具备出色的模仿能力，下一个环节就对这方面进行考量，进入我们的偶像模仿记。其实对于每一位一会要出现在舞台上给大家带来表现的这个艺人来说，我觉得都是一次非常高难度的挑战，因为我刚才已经跟大家预告过了，这是两个不同时代的人气偶像组合到台上来，给大家呈现一首他们内心特别喜欢的歌曲，给大家展示不一样的他们。所以既是挑战，又让我们充满了期待。

（约63分20秒）

沈　涛：我们请所有的嘉宾来到台上。在台上一首又一首的经典歌曲演唱，我们的可爱三小只在台下，其实看得是很有感触的对不对？因为你们之前说了，当你们在大街小巷可以听到这些熟悉的歌曲的时候，你们还很小，当时在台下是什么心情？

TFBOYS：感觉很荣幸的，感觉来唱我们的歌曲。

沈　涛：大家也都看过了，通过刚才这一环节，其实两代艺人之间，通过这样一种方式在舞台上彼此致敬，无论是对于青春的纪念，还是对于未来的期许，其实一种浓浓的音乐传承的情结，就在这个舞台上弥漫开来了。

Ella：其实我觉得今天很大的感触就是站在这个舞台上，都是我们的荣幸，我们可以成为某个时代的那份青春的记忆，这是很幸福的事情。然后我们可以靠着我们自己的音乐，对于自己工作的喜爱，然后散播很多正面的能量，给喜爱我们的歌迷，这就是成为一个偶像歌手最大的意义,对。

沈　涛:所以你看,看到新生代的音乐力量不断在成长,他们内心都非常非常快乐。而我们知道,从他们出道开始,那么多年来,也一直用自己的敬业、努力和"正能量"不断地在感染身边的每一位歌迷。你们三位(TFBOYS)出道其实很早很早,在这个时刻有什么要对你们的粉丝说的?

TFBOYS:我就特别感谢大家,就在我们那么没有经验的时候就很喜欢我们,一直支持我们,到现在已经有两年多的时间,还是特别地感谢大家。

陈汉典:感恩。

胡海泉:其实他们刚才说得特别好,而且我就借用汉典的口头禅感恩,就感恩两个字特别地不容易。

Ella:真的很棒,因为我觉得他们之所以这么受欢迎,受那么多人喜欢跟支持,其实是因为他们保有那份很单纯和很简单的那颗心。我相信他们永远都会这么单纯、真诚,然后像天使一样可爱。

沈　涛:在这样一个舞台上,无论是一直辉煌着的,或者说全新的让我们刮目相看的新生力量,他们都在用自己最敬业的一种方式、最正能量的一种途径,用音乐带给所有人快乐,让我们再用掌声送给他们。

(浙江卫视《王牌对王牌》2016年3月11日)

训练提示:《王牌对王牌》是浙江卫视一档火爆荧屏的综艺节目,每期节目围绕一个主题,邀请两支王牌团队,由两位固定队长带领多名当红嘉宾进行对战,通过才艺比拼、游戏竞技,决出王牌中的王牌。主持人沈涛是浙江卫视的一位资深综艺娱乐节目主持人,他将节目氛围营造得既欢乐,又温馨,有时还很激励观众,非常正能量,总之分寸拿捏很到位。

稿件五

娱乐星天地(片段)

贝倩妮:大家好,我是贝倩妮,这里是正在为您直播送出的《娱乐星天地》,来看一下今天有哪些精彩的娱乐消息。

配　音:《如懿传》未拍先热,甄嬛、芈月超高口碑在前,如懿的主演周迅淡定接招;

范冰冰《手机》之后再度合作冯小刚,新作一改美艳造型,饰演朴素村姑;

假冒明星微博、微信诈骗新招层出不穷,霍建华遭遇李鬼冒名行骗;

陆地一身好功夫,下水却是门外汉,武戏演员学潜水,张晋也是个张大胆;

小彩旗新剧开拍,娜扎姐姐言传身教,姐妹合拍。

贝倩妮:哎呀现在说起来真的是大千世界全凭演技。在演艺圈里面呢,演员凭借着演技安身立命,在演艺圈之外呢,不法分子用这个演技来诈骗,冒名顶替,做这个假冒明星的微信。我想说那个冒充霍建华的那位啊,之前你用这个号说你自己是吴彦祖的那条我还存在手机里没删呢,这会怎么又变一个人了呀?所以大家一定要擦亮自己的眼睛,看清楚背后的真相。休息一下,进段广告马上回来。

(《娱乐星天地》2016 年 3 月 15 日)

稿件六

娱乐梦工厂(片段)

杰妮:娱乐梦工厂,快乐心飞扬。大家好,我是杰妮。第四季的跑男呀,正在录制,新的跑男嘉宾呢,也是逐渐浮出水面了。在这一期节目里,你还期待看到哪些上过跑男或者说没上过跑男的嘉宾呢?不妨和我们一起猜想一下,说不定节目组真的就把他们给请来了!

配音:"观众喊你上跑男"之出彩嘉宾篇。虽说在奔跑吧兄弟中,那是铁打的兄弟团流水的嘉宾。不过,在前三季节目里,曾经碾压过几场的嘉宾们倒也成了大家十分想念的一道亮丽风景线。要知道,他们如果再来一次,指不定又可以掀起新一轮大快人心的"腥风血雨"呢!比如,"野蛮女友"蒋欣恐怕是三季跑男以来唯一用 100 种方式嫌弃天才陈赫的人。除了拼了命地相互吐槽,这俩人的零默契也让游戏王陈赫遭遇了跑男生涯中第一次"滑铁卢",就算历尽千辛,赢了游戏,蒋欣也没舍得做一个好脸色给可怜的小赫赫。如果说蒋欣对陈赫的嫌弃算是精神上的伤害,那么郭采洁的出现绝对是对小猎豹郑恺的体能终结。瞧瞧这一次次把队友往泥潭里送的节奏,采洁同学,你真的不是节目组派来制服郑恺的吗?而当花美男组团来踢馆,一向自命傲娇的兄弟团也只能沦为大叔队,被节目组无情嫌弃。论斗舞,大叔们刚一出招就不小心暴露了年纪;论斗嘴,在初生牛犊的"小鲜肉"面前,大叔们被吐槽得体无完肤。"观众喊你上跑男"之最强家属篇。除了以上这些兄弟团的天敌嘉宾之外,跑男家属也绝对是观众心中呼声最高的人选,当年还没把 baby 娶到手的晓明哥来上节目,愣是把一期本该紧张激烈的间谍战演绎成了霸道总裁似的浪漫偶像剧。

(《娱乐梦工厂》2016 年 3 月 12 日)

训练提示:以上这两篇都属于综艺娱乐资讯类稿件,主持时注意"播"与"说"的结合,整体基调应轻松活泼、娱乐休闲,气息控制灵活自如,声音掌控弹跳灵动,节奏明快向上,语气饱满丰富。

稿件七

幸福账单(片段)

朱迅:《幸福账单》为你买单!亲爱的观众朋友们,您现在正在收看的是中央电视台综艺频道推出的大型综艺娱乐游戏类节目《幸福账单》。幸福就是今天休息,你们两个主持节目。

马跃、宫岩:为什么啊,怎么了?

朱迅:你们不知道吗,这期节目是为了妇女节而打造的,特别甜蜜,所以呢,过妇女节我要休息,30位姐妹也要休息,再见!

马跃、宫岩:等等,哎,别闹,迅姐。

马跃:别闹,三八妇女节还没到呢,别这样,你能不能再坚持一会,再撑一会好不好?

宫岩:坚持一会啊,乖乖乖。赶紧介绍一下今天的节目有什么特别的,快点来……

(约28分60秒,表演完爵士音乐的女生上台)

宫岩:很有味道啊!

朱迅:很爵士的一个女人,爵士女人有爵士女人的味道,你是一位歌手是吗?

嘉宾:不是,不是歌手,就是喜欢而已。

马跃:哎呀,我这大秧歌都扭不起来了都。

朱迅:等会,给我一杯红酒,我还要一架钢琴,我再要一个穿着礼服的绅士。

宫岩:陪你一起在……

朱迅:陪我一起听她的歌。

宫岩:在草垛上听她的歌。哈哈哈哈……

朱迅:爵士女人,如红酒一般香醇。

宫岩:有味道。

马跃(唱起来):翻过了……

朱迅:这不是你的风格,你还是唱秧歌,这真的不适合你,来吧,你是带来了一张怎样的单?

(中央电视台《幸福账单》2016年3月5日)

训练提示:这是一档集合了情感故事、才艺秀、大型游戏、现场互动等多种元素的大型综艺娱乐游戏类节目。主持人要注意有声语言的表现力、即兴语言的生成力,主持风格要真挚朴实、善于沟通、机敏活跃。

稿件八

中国好声音(片段)

华少:正宗好凉茶,正宗好声音,欢迎收看由凉茶领导品牌加多宝为您冠名的加多宝凉茶《中国好声音》。喝启力添动力,娃哈哈启力精神保健品为《中国好声音》加油。本届《中国好声音》所有学员当中四位导师最得意的门生将踏上娃哈哈启力音乐梦想之旅。发短信参与互动立即获得苏宁易购的100元优惠券,感谢苏宁易购对本节目的大力支持。我们的好声音学员如果获得三位或者三位以上导师认可即可获得苏宁易购提供的1万元音乐梦想基金。感谢上海新锦江大酒店为《中国好声音》导师提供的酒店赞助。关注加多宝凉茶《中国好声音》台前幕后更多精彩内容,你可以@中国好声音新浪微博,或者是腾讯微信以及登录中国好声音百度贴吧参与节目互动,还可以登录优酷、搜狐视频、爱奇艺、土豆网观看节目的精彩花絮。关注网易娱乐,了解更多节目的信息或者登录官方数字音乐平台,下载每期节目最精彩的歌曲彩铃。

(浙江卫视《中国好声音》开场白)

稿件九

出彩中国人(片段)

撒贝宁:点亮大舞台,有梦就出彩!欢迎各位收看由君乐宝每日活菌独家冠名播出的《出彩中国人》,有梦就出彩。欢迎各位登录新浪微博、百度贴吧参与我们节目的讨论。就在前两周我们的梦想冲刺之夜中11组选手成功脱颖而出,今天晚上他们将和评委们一起组成战队,向着年度盛典唯一的一个年度"出彩之星"的荣誉发起冲击。首先来看周立波战队,周立波战队的特点非常明显,因为周立波本人就是一个"能文能舞"的海派高人。如果要说文的话,有靠说唱独树一帜的监狱警察;如果要说舞的话,有美煞旁人的杂技情侣。当然,能动能静的还有这样一对传承中国传统文化的舞狮高手。而且我还听说,在赛前,周立波还专门对他们进行了特别训练,所以他们的战斗能力不容小觑。接下来我们再来看一下蔡国庆战队,蔡国庆战队可以说是一支梦想战队,因为他们当中每一组选手都充满了梦想,像刘振奇,带着打破世界纪录的梦想,一次又一次挑战自己的极限;柏堂静,那就更不用说了,她的梦想是在世界级的大赛上拿下冠军；李苏成,尽管已经是年近50的人了,但是他的音乐梦想一直从他的青春时代伴随他走到今天。所以今天晚上,这样一组梦想战队能否跟着蔡国庆评委一起实现他们心中的梦想呢？我们拭目以待。接下来看看范冰冰战队,范冰冰评委在这一季《出彩中国人》当中的形象一直是温婉、美丽的,所以她的战队也带着她的特点：颜值爆表的拉丁情侣,还有我们的楚俏组合,他们一路带着梦想和自信走到了今晚。在这组选手当中还有一位像大白一样温暖的妇产科大夫,那么今天晚上他是否能用腹语再次打动观众和评委呢？当然最后还有从马来西亚来的、带着华人的精神在舞台上起舞的酷乐舞团,全都是帅哥,这样一个组合,能带着范冰冰的梦想去问鼎年度"出彩之星"吗？同样我们期待着。其实在这四个多月当中,我相信所有的观众都和我一样,对这个舞台上的每一张面孔都记忆犹新,所以在今天晚上的年度盛典,我们特别安排了一个环节,那就是颁奖。在我们这一季《出彩中国人》的舞台上,有很多都是情侣的表演,而这些表演总能让我们感受到浓浓的爱意,所以在今天晚上的年度盛典,有一个奖项同样充满了爱；还有一个极具分量的奖项,是我们的陈凯歌导演颁出的。究竟他们当中谁能够力压群雄,问鼎"出彩之星"呢？让我们共同期待今晚最终一战！

(中央电视台《出彩中国人》2015年5月17日)

稿件十

蒙面歌王(片段)

李好：欢迎各位来到《蒙面歌王》总决赛之夜,中秋之夜,歌王盛宴,抬头赏月,低头听音乐。各位好,欢迎来到江苏常州。这里既是人文荟萃、历史悠久、经济发达的麒子故里,更是诚信之都、幸福之城。新鲜面膜,揭面成王,《蒙面歌王》由一叶子新鲜面膜独家冠名播出,一叶子新鲜面膜令肌肤满鲜复活。长虹启客,我的移动互联网电视,发拍节目照片至长虹商城微信号,或到长虹启客电视专柜购机顶现金。令人窒息的超级乐视手机,带你一起揭秘超级歌王。本节目独家网络视频请登录乐视App观看。关注新浪微博江苏卫视《蒙面歌王》官微,通过雷达识别,进入《蒙面歌王》页面,竞猜总冠军。打开微信,进入摇电视,参与本节目实时互动,赢取丰富奖品。

今天晚上既是中秋之夜,同时啊,在我身边呢又是八位演唱者,可以说今晚的总决赛之夜,那是八仙过海、八星报喜、八星赏月,再次把掌声送给八位演唱者。需要特别跟大家说明原本要进入到总决赛的李玉刚先生因为身体抱恙,所以退赛,而在上一场突围赛当中排名第四位的李泉先生直接补位。今天晚上他们八位演唱者将会四人一组,分为上、下半场。上半场的出场顺序:丁当、李克勤、尚雯婕、沙宝亮;而下半场的出场顺序:谭维维、许茹芸、孙楠和李泉。今晚的评判权交给现场的朋友进行实时评分,选出上、下半场平均分数最高的一位。

他们将从音乐的角度作出他们心中最公正、最客观的选择。好的,今晚的比赛即将开始,上半场第一位演唱者,她就是不断蜕变的黑天鹅丁当,下面丁当的打分通道正式开启。现场的观众只要编辑短信蒙面歌王#加分数至现场大屏上的号码,即可为丁当进行打分。最低分为1分,最高分为5分。最后我们将会用平均分的方式来判定胜负。丁当率先出马,能否一马当先呢?首先我们来看看今天晚上丁当的助阵嘉宾究竟是谁。

(江苏卫视《蒙面歌王》2015年9月27日)

稿件十一

回声嘹亮(片段)

李思思:各位准备好了吗?让我们一起重温时代经典,唱响《回声嘹亮》。谢谢,亲爱的朋友们,您正在收看的是由天王表业特约播映的——《回声嘹亮》。大家好,我是李思思,在这里要谢谢所有光临现场的朋友们,你们好,欢迎大家!

我相信熟悉我们节目的朋友都知道,《回声嘹亮》是一方重温经典、唱响经典的舞台。在我们这方舞台上,您不仅可以听到经典的作品被原汁原味地演绎,同时还能看到年轻人为这些经典作品注入全新的活力,更可以感受到他们通过翻唱在向经典致敬。

那么今天呢,在我们的现场,同样请来了五位重量级的嘉宾,他们深受观众朋友的喜爱。所以等一下他们出场的时候,我邀请所有的朋友,用热情的掌声和欢呼声欢迎他们好不好。好了,亲爱的朋友们,接下来就让我们有请今天光临现场的五位嘉宾,带着大家一起重温经典。

李思思:谢谢!热情的掌声送给今天光临现场的五位重量级的嘉宾,欢迎五位老师。我们也请五位老师依次问候一下大家好不好,从牟老师开始。

(中央电视台《回声嘹亮》2015年11月19日)

训练提示:这四档节目都属于真人秀节目,有的是音乐歌唱类真人秀,有的是普通百姓真人秀,有的是明星真人秀,在国内都有着较高的收视率。浙江卫视主持人华少以"中国好舌头"著称,语速极快,吐字清楚,表达个性十足;央视主持人撒贝宁比较全能,法制节目中的他专注认真,综艺节目中的他睿智幽默;江苏卫视主持人李好青春健康、活力向上，令观众眼前一亮；央视主持人李思思清新大方、亲近温和。训练时，依据自己的性格特征、形象气质"量身打造"主持风格，起初可以模仿，但不可以一直模仿，要保有自己的特色。

稿件十二

我是大美人（片段）

吴　　昕：大家好，我是吴昕。

谢　　楠：大家好，我是谢楠。

吴　　昕：今天我们要聊一个跟魅力有关的话题，就是这个女生，留长发还是剪短发？

谢　　楠：这事我觉得，靠我们两个人说是不算的，所以，今天现场有非常有说服力的人士，我们介绍一下好不好！

吴　　昕：对，好！

谢　　楠：我们的美男团代表，娄三木（嘉宾）。

吴　　昕：欢迎！

谢　　楠：夏和熙（嘉宾）。

夏和熙：大家好！

谢　　楠：利晴天（嘉宾）。

利晴天：大家好，我是利晴天。

吴　　昕：三位觉着女生梳长发还是短发好？

娄三木：我还是挺喜欢短发的，长发有些时候会让人看起来很风尘。

吴　　昕：很风尘，你要不要对自己说话负责任（调侃地说）。

夏和熙：你是说现场的自己吗？

娄三木：很多女明星现在都是短发。

夏和熙：对，最近我看到，因为大家最近都剪短发，你看楠姐一直短发（指着谢楠），这个先驱，大家一直跟着走。

谢　　楠：先驱，是要把自己贡献出来对不对，他说先驱就是"我先去了"的感觉（无奈地说）。

嘉宾们：哈哈哈哈哈！

吴　　昕：其实梳短发，好像是一种流行的趋势今年。

夏和熙：对，但我最近觉得女性剪短发越来越好看，而且，以前的短发可能没有那么多造型，可是最近的短发有很多可变的造型，我觉着看起来也更多样。

谢　楠：有谁是你们心目中觉得是那种短发界的女神，好了，除了我之外（得意地说）。

娄三木：孙俪。

谢　楠：孙俪，我也很爱她的短发，而且她的短发很难驾驭，是那种贴头皮的、细碎的小短发。

利晴天：那个桂纶美！

谢　楠：她的短发也很漂亮。

夏和熙：谭维维也是短发的。

吴　昕：维维也是，对。

夏和熙：所以我觉得都很有自己的味道。

谢　楠：还有周迅，周迅那个也是贴头皮的，好漂亮。

吴　昕：还有最近大热的高俊熙，对，非常美。

谢　楠：韩剧里面的对不对？

吴　昕：对，非常美！

吴　昕：阿肯老师（嘉宾）这两年短发，是不是一个流行的趋势？

阿　肯：我觉着跟社会风气有关系，怎么说呢，因为我觉得女性的，就是社会风气，就是女性的意识开始抬头之后，女性在职场上面的这个地位被重视之后，那女性就更有自信去剪这个短发了。

吴　昕：其实这个短发非常挑人对不对？

阿　肯：对的，五官要漂亮、要精致，甚至是那双眼睛要活灵活现的、转呀转的，这也是一件有灵气的事情。

吴　昕：今天我们节目请来了三位非常有兴趣要剪短发的同学，但是她们的头发在不同程度上都有这样那样的困扰，我们请三位老师为她们解决一下好不好？

阿　肯：好！

……

（湖南卫视《我是大美人》2016年1月12日）

稿件十三

天天向上（片段）

汪　涵：今天我们为您请到的就是这样一群人，他们是时代的朗读者，用声音记录年华、传播影像。他们就是中国旁白解说界的四大男声，掌声有请。

钱　枫：我们就是中国朗读界的四大男声。涵哥,很高兴来上你的节目。

欧　弟：我们有个外号叫作朗读F4。

汪　涵：这样的名头很大,我都特别希望带着这样的一个称谓走出来,太享受了。接下来再次列队好不好?

田　源：好好好。

汪　涵：先放VCR,VCR完了以后那边专门有一个人去指挥那个文山兄,湖南卫视的频道声。

欧　弟：而且周杰伦的歌都是他写的。

钱　枫：啊,方文山,丁文山。

汪　涵：我每次都会叫他文山兄,有时候稍微喊得快一点,就叫他文兄了。

欧　弟：他们以为是真的。我的歌都是文山写的你知道吗?文山太厉害了。我的歌词只要他写的都会大红,我自己写的就不红,气死我!文山,欢迎收看天天向上,不错哦。你知道大家都说我身高为什么这么矮?因为我常常"哎哟",有请。

(短片配音)

李　易：行走6 380公里的长江,一路汇集几十条大河,从西到东横贯中国。

李立宏：中国,自然地理的多样变化,让生活在不同地域里的中国人民享受到截然不同的丰富主食。

任志宏：这是一张清代道光年间的汇票,现藏于中国票号博物馆。汇票呈长方形,右侧是"会券"二字。

徐　涛：因为他的缘故,大唐的声誉远播万里。就连他脚上的麻鞋,也被信徒供为圣物。

丁文山：让我们欢迎中国四大男声,央视频道声李易、年度最火纪录片《舌尖上的中国》解说李立宏、国宝级的声音档案任志宏、最具实力的青年配音表演艺术家徐涛,掌声有请!

汪　涵：欢迎欢迎,不能把麦随便给他们。

任志宏：喂。

汪　涵：一声喂就喂的,只要一把麦给他们,就没有人愿意听我们的声音了。四大男声聚集在我们节目当中实在是非常非常难得,为了配合今天这几位特别的嘉宾来到我们节目现场,我们今天这个现场也是特别布置。我们的音频、灯光、视频,还有我们国内非常非常了不起的拟音大师也来到我们节目现场,随时听候指令。

欧　弟：涵哥,涵哥,他们一定专注力不够对吗?

汪　涵：对呀!

欧　弟：因为他们眼睛看不到对吗？

汪　涵：谁说看不到？这是扮酷。接下来是这样的，四位老师用自己的声音给大家打个招呼。

李立宏：大家好，我是李立宏，谢谢大家。

汪　涵：舌尖上的李立宏，《舌尖上的中国》的配音——李立宏老师。

欧　弟：是的，我也喜欢。力宏力宏我爱你！力宏力宏……

汪　涵：你是喊王力宏吧？这一位是我的兄长。我们在私下里有特别特别好的交流，声音是无限华丽，在2010年的时候被评为"中国最具文化气质的声音"。

任志宏：观众朋友大家好。很高兴今天有这样一个机会呢，跟我一起穿越历史、感受国宝、分享文明。谢谢！

钱　枫：哇，好有磁性啊！

汪　涵：好有磁性吧！

钱　枫：我经常看这个节目。

汪　涵：对，这位就是我们只闻其声未见其人，首先听听他那种浑厚的声音。

徐　涛：大家好，我叫徐涛，很高兴和大家见面。

汪　涵：徐涛老师是很多影视剧的配音，《玄奘之路》的声音就是他，嗓子里面装了低音炮。好，这一位，我们刚才介绍我们的文山，是我们湖南电视台的频道声。这一位，中央电视台的频道声。

李　易：大家好，我是李易。湖南卫视《天天向上》栏目，汇聚中国主流媒体好声音现场演绎，敬请期待。

欧　弟：哇，不得了！有进央视的感觉。

汪　涵：平常几位聚在一起的时间多吗？

任志宏：很难，我们不是在一个单位里头，一年能见一次面我们已经感到很欣慰了。

李立宏：这次还真是特别感谢这个湖南卫视《天天向上》栏目，我们的荣幸。

汪　涵：等会儿，那个李老师一开口啊，就流哈喇子，老想吃，对，老想吃点什么呢？

钱　枫：这四位要是聚在一起打麻将说"和了"是什么声音？

李　易：我一般不说"和了"。

钱　枫："和了"不说，一般都直接推牌。

李　易：他不敢说，他老诈和。

田　源：旁边一声"哎呀和了"，他又诈和了。

汪　涵：我觉得我们今天特别难得，请到四位老师来到节目现场。

钱　枫：一定不能放过他们。

田　源：那你想怎么着啊！

汪　涵：一定要请他们几位，帮我们来说一下我们《天天向上》的这个开头词，就比如我们经常说，欢迎收看湖南卫视，高端、娱乐、青春、励志、娱乐性脱口秀节目——《天天向上》。这是我们的感觉，接下来请几位老师来给我们念一遍。

（湖南卫视《天天向上》2012 年 11 月 16 日）

训练提示：《天天向上》属于综艺娱乐脱口秀节目，由汪涵领衔的"天天兄弟"主持群根据具体语境集体主持和互动。训练时，可以试着考虑若是你与这个嘉宾交流，会如何开口、如何推进流程。在这样的节目中，主持人掌控现场的能力非常关键。

稿件十四

2015 春节联欢晚会（片段）

朱　军：亲爱的朋友们，

合：过年好！

朱　军：这里是 2015 年中国中央电视台《春节联欢晚会》的直播现场，感谢全国各族人民、全世界的中华儿女、电视机前的千家万户，又一次与我们相约春晚，喜迎新春。

董　卿：舞台上，四世同堂合家欢；荧屏外，一年一度又团圆。节日的欢歌唱出的是我们浓浓的、满满的祝愿，愿人情春早柏叶望，国泰家和万事兴。

康　辉：春节不变的传统铸就春晚坚守的情怀，为人民抒写，为人民抒怀。今晚我们将回望过去一年来文艺百花园扎根人民、深入生活、繁花似锦的创作胜景，今晚让我们听神州大地共奏春节序曲，今晚让我们看五湖四海，同唱《难忘今宵》。

李思思：我们用熟悉的旋律辞旧，用欢乐的创造迎新。从此刻开始呢，将要开启的是春晚 30 年来第一次与全球观众的全程互动，当然，从此刻开始我们也邀请您参与其中，参与我们的互动，和我们一起开创春晚的历史，互动过大年。

撒贝宁：俗话说，三阳开泰。今天晚上，我们三个主持团在不同的舞台上和您一起共贺羊年，辞旧迎新。首先要给大家介绍的是今年主持团的新成员，2015 春晚吉祥物：羊羊。

（2015 年中央电视台《春节联欢晚会》）

训练提示：晚会的总基调决定了开场主持人的基调、节奏、语气等。登上央视春晚舞台是每一位综艺节目主持人的梦想和光荣。训练时,注意声音位置的掌控、情感基调的处理、语言表达节奏的拿捏以及对象感和受众意识的明确。另外,春晚是国家级媒体的晚会,也是国家项目,主持时心中要有格局和视野。

思考和练习:

1. 简述我国综艺娱乐节目发展概况。
2. 当下电视、网络等媒介综艺娱乐节目类型有哪些?
3. 综艺娱乐节目主持人应具备的素养有哪些?
4. 试说出不同类型综艺娱乐节目主持人的语言特点。
5. 综艺娱乐主持人应该如何提升自我?

第四章　体育解说

教学目标：了解体育解说的基本要求，掌握体育解说的语言特征及相关技巧。通过学习和训练，提升体育解说的现场应变能力和即兴表达能力。
教学重点：体育解说定义及其技巧。
教学难点：不同体育项目的体育解说和即兴应对。
课时安排：10课时。

第一节　理论概述

一、体育解说的概念

体育解说指专门从事体育赛事讲解、介绍、分析的专业人员对赛事进行的专业解说与业余解说。

二、体育解说的发展历程

我国体育解说始于1951年(对中华人民共和国成立以前的电台广播未做考证)，迄今已有66年历史。

纵览体育解说的发展全过程，大致可以分为两个阶段：以1978年为界的改革前阶段和改革后阶段。也就是说，1951年至1978年为体育解说发展的第一阶段，1978年至今为体育解说发展的第二阶段。体育解说发展的第一阶段又可以分为前期和后期：1951年至1966年为第一阶段的前期；1970年至1978年为第一阶段的后期。体育解说的第二阶段也可以分为前期和后期：1978年至1994年为第二阶段的前期；1994年至今为第二阶段的后期。

之所以将体育解说分为两个发展阶段和四个发展时期,理由有两个:一是体育解说作为生活中的意识形态内容,其发展是以社会经济发展水平为基础的,无不带有社会生产力发展水平的印记。也就是说,社会生产力发展水平不仅为社会各项事业的发展提供相应的物质保证,同时也为人们的精神需求提供条件;二是体育解说的发展离不开体育事业,体育事业发展的快慢、人们对体育的热衷程度也在一定程度上影响了体育解说的进步与发展。

1. 体育解说发展的第一阶段

体育解说发展的第一阶段前期是1951年至1966年。1951年,一支苏联男子篮球队到上海访问,这是中华人民共和国成立以后第一支来访的外国球队。比赛地点在当时最大、能容纳4000名观众的上海卢湾体育馆。观众热情高涨,比赛门票被一抢而空。很多人没有买到票,便纷纷打电话到电台,希望电台能像转播国庆游行和大型文艺演出那样转播这场体育比赛。为了满足受众的要求,上海人民广播电台决定转播这场比赛,由播音员张之担纲,并邀请后来成为著名电影演员的陈述搭档解说。由此,这次解说开我国体育解说之先河,永远载入体育解说史册。此后,1952年,中央人民广播电台特邀张之到北京解说全国篮球、排球比赛。1953年,张之调入中央人民广播电台,从事体育新闻报道和体育比赛实况转播的解说工作,历时几十载。张之也因此当之无愧地成为我国体育解说事业的开山鼻祖。

1958年5月1日,北京电视台(中央电视台前身)开始试验播出,同年6月19日,直播了八一男女篮球队与北京男女篮球队的表演赛。这是我国首次利用电视媒体直播体育比赛。

1951年至1966年,电台和电视台现场直播的大型体育比赛主要有1959年在北京举行的第一届全国运动会和1961年在北京举行的第二十六届世界乒乓球锦标赛。除此以外,还有一些国内比赛和国际邀请赛。从20世纪50年代初至60年代初,担纲体育比赛解说工作的主要人员是中央人民广播电台的体育记者张之和他的同事黄继辰。著名体育解说员宋世雄在1961年的第二十六届世界乒乓球锦标赛上加入体育解说员的行列,在张之先生的悉心指导下,宋世雄很快成名,一时被人们誉为"小张之"。

1966年到1970年,"文革"发生后,体育解说工作也就不可避免地出现了一段空白。

体育解说发展的第一阶段后期是20世纪70年代,整个社会局面开始趋于稳定,社会生产活动和其他各方面的工作逐渐恢复和发展,停滞多年的体育运动训练和比赛又开始进行。体育解说工作也是这样,在"文革"期间,中央人民广播电台的体育节目组一度被撤销,直到1970年才重新恢复。

1970年到1978年,大型的体育比赛主要有:1972年在南京举行的全国五项球类比赛、1974年在德黑兰举行的第七届亚运会、1977年在北京举行的国际足球邀请赛等。在这一阶段,体育解说工作又正常进行,但是应该注意的一点是,这一时期的体育解说和前期一样,主要项目是乒乓球,其次是足球和篮球,其他体育比赛的解说几乎没有。这是由当时的社会发展状况造成的。

20世纪70年代前期,现场直播体育比赛主要还是通过电台广播完成的,因为当时电视尚未普及。人们通过画面看到的体育比赛,主要是中央新闻电影制片厂提供的《新闻简报》。20世纪70年代末,随着电视机的普及,人们通过电视观看现场直播体育比赛才成为现实。

1976年10月,"文革"结束,北京举办了十国足球邀请赛,邓小平同志选择了这个场合重新站到了公众面前,这标志着一个新时代的开始。同时,中央人民广播电台和中央电视台联合直播了这次比赛,其轰动效应非同一般,既包括政治方面,也包括体育方面。同时,这次体育转播也标志着我国体育转播工作即将迈入一个新的历史阶段。

1978年,从政治方面来说,党的第十一届三中全会召开,"文革"宣告结束;从体育转播工作方面来说,中央电视台成功地通过通讯卫星实况转播了第十一届世界杯足球比赛和在曼谷举办的亚运会。我国的体育解说工作由此迈上了一个新的台阶,不仅是小型的基层体育比赛、中型的国内赛事以至大型的国际比赛,我们都转播过、解说过,从而实现了体育解说工作的全方位目标。

在体育解说发展的第一阶段,由于社会发展的物质条件所限,体育转播的覆盖范围极其有限,主要集中在城市,而且听众群也是城市中一些家庭生活条件相对较好的群体。20世纪70年代以后,这种状况逐渐得到改善。所以,在体育解说发展的第一阶段,其影响力是极其有限的。

2.体育解说发展的第二阶段

1978年以后,我国社会进入了一个新的历史时期。社会秩序良好,经济发展加快,人民的生活水平不断提高,电视机开始进入普通百姓家庭,这为电视直播体育比赛提供了良好的物质基础。这一阶段频繁的体育大赛又为体育解说提供了丰富的内容,真可谓水到渠成。我国体育解说工作在这一阶段发生了飞跃性的变化,赢得了亿万观众的认同。

本阶段的重要赛事有:1979年在北京举办的第四届全运会、1981年在日本举办的第三届世界女排大赛、1981年世界杯足球预选赛亚洲区比赛、1982年在西班牙举办的第十二届世界杯足球比赛、1983年在上海举行的第五届全运会、1984年洛杉矶奥运会、1986年汉城亚运会、1988年汉城奥运会和1992年巴塞罗那奥运会等。20世纪80

年代不仅是我国经济发展的腾飞时期,也是我国体育事业发展的腾飞时期。在这一时期,体育解说工作也取得了巨大的发展与进步。

值得一提的是1981年前后电视台对女排比赛和世界杯预选赛亚洲区比赛的解说,受众对这些体育比赛的关注程度可谓空前绝后。每每比赛,万人空巷。宋世雄的经典解说也成为一种时尚。

1982年6月,第十二届世界杯足球赛在西班牙举行,中央电视台采用通过香港集体租用卫星的办法进行实况录像转播,并派出四人小组赴香港制作节目然后再播放。第十一届世界杯足球赛中央电视台只转播了两场比赛,但深受广大受众的喜爱。因此,本届杯赛中央电视台加大转播力度,共转播了26场比赛的实况录像并制作了19集专题节目,而担任解说工作的只有宋世雄一人。

从1984年第二十三届奥运会起,先后有孙正平、韩乔生等年轻的实力派解说员加盟中央电视台,标志着我国体育解说工作的进一步发展。1985年元旦,中央电视台体育部成立,为体育新闻传播事业的发展奠定了新的基础。此后,中央电视台的体育节目在播出数量和质量方面都有了突飞猛进的发展。1986年的汉城亚运会,中央电视台播出了120多个小时的节目;到了1988年的汉城奥运会,中央电视台播出了200个小时的节目;1990年,中央电视台直播了世界杯足球赛的全部比赛。两位年轻的解说员逐渐崭露头角,成为后起之秀。

从1986年的汉城亚运会到1994年的广岛亚运会,我国的体育新闻传播事业发展迅速,不仅是中央电视台,一些省市电台、电视台也相继创办了各类体育节目版块。现场直播体育比赛也不再是中央人民广播电台和中央电视台的"专利"了,而是以中央电视台为龙头,各省市台紧随其后,这种势头在1994年以后尤为明显。

我们将1994年一直到今天称为第二阶段发展的后期,主要从两个方面考虑。

在我国各行各业进行经济体制改革十几年以后,体育界也开始对我国的体育竞赛制度进行改革:首先推出了中国足球甲A联赛,随后中国篮球联赛(CBA)、足球甲B联赛、中国排球联赛、CCTV杯中国乒乓球擂台赛等赛事相继诞生。这种体育竞赛制度的改革从丰富业余文化生活的角度来看,为老百姓带来了休闲娱乐的内容,促进了新闻传播业对各类体育比赛的关注。

这一时期体育传播业的发展,使一批年轻而有才华的编辑、记者及其他人员适时地加入到体育解说员的行列,成为我国体育解说事业中的又一批新生力量。短短几年时间,在这群人的辛勤努力下,我国体育解说事业发生了很大的变化:不再是一个人或几个人单兵操作,而是一群人协同作战;从过去的一个人或几个人解说各种比赛项目,到逐渐分工专业化,解说的质量也有了很大提高。

从我国体育解说工作 50 年的发展历程可以看出，第一阶段属于起步阶段，以张之、宋世雄为代表的老一辈体育解说员创立了解说体育比赛的体育新闻传播形式，并且使这种形式一直延续到今天。第二阶段属于发展阶段，宋世雄当之无愧地成为我国体育解说事业承前启后的人物，从 20 世纪 60 年代登上转播台声誉鹊起，一直到 20 世纪 90 年代末经久不衰，近 40 载的体育解说生涯几乎见证了我国体育解说的历史。他不仅是我国体育解说初创时期的代表人物，也是我国体育解说发展时期的领军人物。20 世纪 80 年代中后期以至 90 年代，一批新人先后登上体育解说的舞台，锋芒初露，各领风骚，为体育解说在新的历史时期的发展做了良好的铺垫。

三、体育解说的要求与技巧

1. 专业的水准

这是体育解说员最基本，也是最重要的能力要求。专业点评能准确地把握住技巧类项目转瞬即逝的动作，第一时间将解读呈现在观众面前。对于体育迷们来说，如果体育解说员的专业水准出现问题，那可比缺乏客观性要严重得多。

2. 冷静的头脑

在体育节目中，解说嘉宾大多是现役或退役的专业队员或教练，他们的特殊身份使得其情感归属性很强，容易情绪化、主观化。然而，解说员不能像嘉宾一样在解说中毫无顾忌，被情绪冲昏头脑，必须时刻保持冷静，并将可能情绪化的解说嘉宾拉回到客观中立上来。

3. 良好的心态

作为一名体育解说员，一定要明白这样一个道理：无论你的能力、风格是什么样的，都不可能让所有的人喜欢你。所以，想当好一位解说员，应该保持良好的心态。

4. 谦逊的姿态

作为体育解说员，你的每一句话都有可能成为无数体育迷议论、批驳的焦点，有些指责和质疑甚至会莫名其妙，让你倍感冤屈。这时，一定要忍耐，并且放低姿态，谦逊地向广大体育迷承认错误，改进自己的不足。毕竟，大家肯批评你，说明大家还关心你。吸引观众也是体育解说员的最大职责所在。

第二节 示例分析

示例一

2012年伦敦奥运会羽毛球男单决赛 林丹 vs 李宗伟（片段）

冠军争夺战，这场比赛是由卫冕冠军林丹对阵马来西亚选手李宗伟。这场比赛我们是在比赛现场——温布利体育馆为大家进行的转播和评论，我是体育评论员洪钢，今天我们在现场请到了前世界冠军赵婷婷和我们一起来欣赏这场巅峰对决。这场比赛的胜利者将得到2012年伦敦奥运会羽毛球男子单打的金牌，输球的一方将获得银牌，在四年前两个人在北京奥运会的决赛场上就曾经相遇过。当时，林丹是以压倒性的优势战胜了对手。今天的主裁判来自印度尼西亚。

双方的第一局比赛开始，李宗伟先发球低中往前，造成林丹出了边线。两人旗鼓相当，开始就打得很激烈，林丹回球出界。两人打球很严谨，林丹防守很稳健，最终，李宗伟的进攻组织得非常耐心，造成对方失误。比赛开始，林丹有些失误，三次出界。

林丹连续突击，赢得很漂亮。李宗伟失误，林丹连得3分，将李宗伟反超。双方都抓住对方的时间差来反击，利用点球的次数比较多。李宗伟放网很漂亮。在此之前，中国羽毛球队获得了3个项目的冠军，在今天伦敦时间的下午，将要决出最后两个项目冠军，中国队的林丹对阵李宗伟。

继续比赛，李宗伟11，林丹8，李宗伟领先。刚才李宗伟的一个角杀，林丹反应快，推压，找到对方底线，抓住反击机会，赢一球，漂亮。现在虽然李宗伟领先，但林丹也没有让比分拉开，现在是李宗伟13，林丹11。

李宗伟在场上很稳健，今天很注意自己的防守，现在是15比11，李宗伟领先4分。这次羽毛球比赛在奥运历史上第一次采用小组循环再进行淘汰赛的方式。林丹出底线，李宗伟领先5分。虽然林丹的失误比较多，但是林丹的心理能力还是比较强大的，现在是19比12，李宗伟领先。现在考验李宗伟的心理能力的时候到了。在2011年世锦赛上，也是在温布利体育馆，李宗伟也是拿下第一局，但林丹反败为胜。

现在进行第二局。林丹领先2分，其实比赛第一局李宗伟打得很出色，但是现在林丹把时间先拖长。李宗伟第一局可以很集中地去防守，但打到后面，首先是体力上下降，再加上精神下降之后，防守也不会这么集中，这就是林丹现在的策略，他把节奏带得比较慢一些。

李宗伟的进攻呢,他的点杀主要是以落点配合为主,杀直线。这场比赛对于中国羽毛球队来说,本届奥运会想冲击包揽 5 金,也是很重要的一场比赛。第二局是李宗伟 10,林丹 21,林丹扳回一局。

第三局中两人没有很大差距,仅差一分。机会啊,已经抓住了对方的回球了,当然也说明两人的能力,场上的跑动能力很强,而且防守反击时都给对方以压迫感。所以每一次出现机会的时候,都希望质量更好一点,造成对方失误。最后因为李宗伟出界,林丹以 21:19 赢得本次比赛。

由本次比赛可以看出,不光靠球技,心理素质也是很重要的,坚持到最后才会胜利,让我们再次祝贺林丹,也希望李宗伟在以后会有更好的成绩。

(腾讯视频改编)

示例分析:(1)划分层次。本场解说共 9 个自然段,按时空顺序可以分为"比赛前—比赛中—比赛后"。

(2)概括主题。卫冕冠军林丹对阵马来西亚选手李宗伟的冠军争夺战,双方势均力敌,最终林丹赢得本次比赛。由此可见,比赛过程中,不光靠球技,心理素质也很重要,坚持到最后才会胜利。

(3)联系背景。林丹超强的进攻能力配以全面的技术造就了他的王道打法,遇弱摧枯拉朽,遇强即便落后也气势不减。李宗伟平淡中暗藏变化,极少劈杀,但是只要发力就要"见血",进可攻,退可守,进退有度不失分寸,所以两人的冠军争夺赛看点颇多,扣人心弦。

(4)明确目的。引导人们关注本场比赛。

(5)找出重点。解说的重点部分是第 2 至 7 自然段,是整个比赛过程,解说时要激发人们观看比赛的欲望。

(6)确定基调。明快激情、热情洋溢,富有感染力。

示例二

麦迪时刻解说词

2014 年 11 月 10 号,火箭主场对阵强敌马刺,比赛还剩 25.13 秒,麦迪连续投中 4 个 3 分球,包括一个 3+1,拿下 13 分,率队在最后时刻大翻盘,掀翻强敌马刺。赛后姚明评论:"这样的比赛换别人来打 200 年一场,麦迪 50 年一场。"让我们再来回顾一下当晚的神奇时刻。

终场前 52 秒,火箭队落后 10 分,麦迪突破后抛投篮不中,但姚明在第一时间直接将球补扣入网,掀起了火箭队反击的高潮。2秒钟后,马刺队传球被帕吉特断球,后者直接扣篮得分,在几秒钟内一下追上4分,此时时间已经不多,火箭队被迫采取犯规战术。对方的布朗2罚全中,差距又拉到了8分。时间还剩44.2秒时,麦迪的表演开始了,他全场运球后,镇定自若地投中了匪夷所思的3分,几乎没有任何准备动作。然后犯规战术,对方2罚又是全中。但麦迪又投中了不可思议的一球,利用姚明的挡拆,引诱邓肯对他犯规,并且在下落过程中投出3分并加罚命中,打4分成功。紧接着又是犯规战术,对方邓肯又是2罚全中。时间只剩16秒了,火箭队险些发不出球来。关键时刻,还是麦迪接住了难度极大的传球,然后在防守专家鲍文面前再次3分命中。这时马刺慌了手脚,他们叫了最后一次暂停,准备发前场球。暂停时间到,姚明防守发球的人发球后,球传到布朗手里,他运球冲进火箭队的内线,但他摔倒了,麦迪迅速拿起地上的球,直冲前场,在左侧三分线附近再次投出3分,并再次命中。进球后的麦迪用力挥舞拳头怒吼,此时时间只剩1.7秒,帕克从后场运球到前场3分出手不中,比赛结束,火箭神奇般地以81∶80战胜马刺。

这最后一分钟属于麦迪,这一刻,他就是全世界。

(56网视频改编)

示例分析:(1)划分层次。本场解说共三个自然段,可以分为"总—分—总"结构。

(2)概括主题。火箭主场对阵强敌马刺,在本场结束前的一分钟内,双方展开最后攻击。麦迪为火箭队连赢13分,最终火箭神奇般地以81∶80战胜马刺,创下了NBA历史的传奇时刻。

(3)联系背景。特雷西·麦克格雷迪,1979年5月24日出生于佛罗里达州,前美国职业篮球运动员,2004至2005赛季转会到休斯敦火箭队,与来自中国的球星姚明组成"姚麦组合",为广大中国球迷所熟知。麦迪曾7次入选全明星阵容,获得两届NBA得分王。2004年12月9日,火箭主场神奇逆转马刺,在比赛最后时刻,麦迪35秒狂砍13分。此次比赛将永远载入史册。从此以后,NBA有了一个新的名词,叫作"麦迪时刻"。

(4)明确目的突出本场比赛最后时刻的紧张感以及刺激感,让人们铭记历史上的"麦迪时刻"。

(5)找出重点。重点部分是第2自然段,解说比赛最后时刻麦迪为火箭队拿下宝贵的13分,扭转战局,最终赢得胜利。

(6)确定基调。明快、昂扬、紧张、激动。

示例三

足球解说——亨利（片段）

当这些风驰电掣的画面再一次出现在我们的眼前，您可曾又想起了那个曾三夺英超金靴的"海布里快车"？那是一个时代的标志，那是一个年轻的标志，那是属于巅峰时期的亨利的标志。我们会记得19岁的亨利，初出茅庐的你，正在摩纳哥上演着绝代双骄。我们会记得20岁的亨利，在世界杯上挥掉角旗杆的你，已经登上了世界的顶峰。那个躲在伙伴身后偷笑的人，却还是个孩子。转眼间，21岁的亨利在斑马军团体会到的不是满足，却是痛苦。于是22岁的亨利降临海布里，作出人生最重要的选择。23岁的亨利打开英超账户，正在成为英超最恐怖的射手。欧洲冠军也让他完成了国家队大满贯。捧杯庆典上的亨利玩得尽兴，玩得孩子气。24岁的亨利，英超金靴的荣誉第一次揽入囊中，英超冠军的奖杯第一次举过头顶。但将满25岁，世界杯的红牌和过早出局却令人惋惜。26岁，一个成熟的年纪。梅阿查球场的帽子戏法，让他迅速爆发。27岁、28岁，一个收获的年纪。英超49场不败的神话由他领衔主演，那些经典的庆祝镜头也永远留在我们心中。29岁的亨利，当你俯下身亲吻草皮的那一刻，也告别了海布里球场的一段传奇。30岁，空降诺坎普，开始迎接新的征程。两年后，欧冠金杯成为他最后的荣耀。

如今，33岁的亨利，告别南非，告别法国。在这样的一个年纪，迎来新的起点，开始新的足迹。虽然时间会带走一切珍惜的东西，虽然岁月不等人，但却留下了那些恍如昨天的故事，依然在述说着。

亨利：谁与争锋，向传奇致敬……

（央视网视频改编）

示例分析：（1）划分层次。本场解说共三个自然段，可以分为"总—分—总"结构。

（2）概括主题。本文介绍了足球运动员亨利精彩、传奇的足球生涯，过程中时而慷慨激动，时而赞美怀念，似乎短短三段文字不足以表达亨利在足球场上的辉煌。

（3）联系背景。2014年，亨利宣布了自己的退役决定："在经历了20年的职业足球生涯后，我决定结束这一切。在我的20年的职业生涯中有许多不可思议的事情，从摩纳哥、尤文图斯、阿森纳、巴塞罗那、纽约红牛到法国国家队，我感谢这么年来陪在我身边的队友以及球迷们，有了你们，我的足球生涯才如此灿烂。"

（4）明确目的。引起人们对亨利的由衷赞美以及对亨利球技的认同。作为一名叙述者，解说亨利传奇经历时情感要充沛、饱满。

（5）找出重点。重点部分是第1自然段，解说亨利精彩、辉煌的足球生涯，应循序渐进，娓娓道来。

（6）确定基调。明快、昂扬、赞美、激动。

第三节　训练稿件

稿件一

2011年世界沙滩排球巡回赛(片段)

房遥：观众朋友，大家好，您现在收看的是海南新闻频道《直播大事件》为带来的2011世界沙滩排球巡回赛奥林匹克湾杯三亚女子公开赛决赛比赛现场。那么今天呢，同样是邀请到了来自海南师范大学体育学院的骆冰老师和我们共同欣赏和解说这样一场比赛。骆老师好！

骆冰：嗯，主持人好，大家好！

房瑶：那我们都知道呢，在昨天的比赛当中，中国队是力挫美国队。那当然了，美国队的其中一位选手梅特蕾娜在第二场比赛当中呢，是受伤退赛。那我们今天上午呢，本来是要转播的一场比赛呢，是她们跟巴西的一支队伍进行的三、四名的争夺战。但是由于梅特蕾娜她的这个受伤还是比较严重的，可能已经宣布放弃这场比赛。那么我们此时此刻11点，将会为大家带来的是中国队薛晨、张希对阵巴西队的朱莉安娜和拉里萨这样一场非常精彩的决赛。那我们来分析一下，今天这场比赛根据我们昨天转播的这两场半决赛的情况来看。您预测一下今天这场比赛会有什么样的结果呢？

骆冰：嗯，这两对组合，巴西队拉里萨和朱莉安娜一直以来是世界排名第一。如果中国队想赢得这场比赛的话，还是比较艰难的。但还是有机会，因为要看临场的发挥。再一个是中国组合在海南三亚呢，毕竟也是天时地利人和。

房瑶：那这个世界沙滩排球巡回赛呢，也是国际三大沙滩排球赛事之一。第一是奥运会，第二呢是世界沙滩排球锦标赛，那第三就是这个世界沙滩排球巡回赛这样一个比赛。这个比赛同样每场会有19万美元的一个总体奖金。那我们今天的这场比赛，由薛晨、张希对战拉里萨、朱莉安娜的比赛呢是本站比赛的决赛。那同时也是薛晨、张希她们的卫冕之战。

骆冰：如果获得了第一名的话就会有3万美金的奖金，然后还可以获得伦敦奥运会积分赛的300分。

房瑶：300分，也就是说这个比赛呢关乎参加奥运会的一个排名。

骆冰：对。

房瑶：所以说各国的选手还都非常重视。那在比赛开始之前呢，我们还是聊一下，您觉得今天薛晨、张希和昨天相比的话，技术上是否还需要调整呢？您也看了昨天巴西的一场比赛，可以说巴西的选手都很稳定，同时也可以说稳扎稳打。那中国队的两位选手是否要调整一下战术呢，还是继续沿用？

骆冰：我觉得应该继续沿用。薛晨和张希呢，在昨天发挥得比较顺利，有些动作技术上面发挥得淋漓尽致。那当时是由于美国队发挥上可能有点欠缺，比分拉得比较大。

房瑶：我看到昨天薛晨、张希采用这个轻打轻调的方式得了很多分，尤其是在第一局当中，斩获了不少的分数。那今天这个战术是否要继续沿用，是不是能跟昨天一样，得到一个比较好的效果呢？

骆冰：昨天没有把整场比赛打完的话，这对薛晨和张希是比较有利的，因为她们节省了很多的体力。

……

房瑶：我们看今天三亚的天气呢，可能跟昨天相比阳光稍微不是这么直射啊，这样可能对选手的发挥有一个更好的自然条件。

骆冰：海南的天气就是上午比下午要晒。

房瑶：嗯嗯嗯，对。

来自澳大利亚的国际级裁判。老师给我们介绍一下，一般排球比赛会有几个裁判啊？

骆冰：裁判就是一裁和二裁，还有记录员、副记、四名司线员。一般比赛呢，就是两名司线员。

房瑶：好的，现在上场的是中国队的一号选手薛晨、二号张希。那这两位选手也是在去年的三亚比赛中夺得了冠军。那这场比赛是本站的决战，也是这两位选手的一个卫冕之战。那昨天穿着黄色球衣的朱莉安娜，今天呢是换作绿色球衣来应战穿着蓝色球衣的中国队。那么还是说这个身高啊，这场比赛可能这个差距比较大的就是这个身高上的差距。我们都知道，朱莉安娜是1米77，拉里萨是1米74；而中国队的薛晨是1米89，张希是1米83，这个身高的差距还是比较大的。

骆冰：希望她们能够充分利用她们的高度来取胜。

房瑶：按国际上比较流行的组合，都采用这个叫"一高一快"，但是我们今天的这两个组合可能都不属于这个范畴。两位选手的身高差距都不是很大。尤其这个薛晨、张希属于那种高高的组合啊。

房瑶：好的，一个幸运球。从昨天到现在，这个幸运球中国队也是(概率)蛮高的，是不是平时训练的时候就会训练这个呢？

骆冰：对，会训练，这种突然下沉。

房瑶：好的，这个球非常精彩，双方已经打了三个回合。

……

房瑶：那中国队呢21比19、20比22、15比17，总比分1比2败给了巴西队。那本站比赛呢也是获得了亚军。冠军呢，就是来自巴西队的朱莉安娜和拉里萨。

房瑶：好的，比赛结束了。那骆老师，我们来分析一下，最后这场比赛这个结果到底意味着什么。我觉得虽然中国队的薛晨和张希没有在这一战中卫冕成功，但是她们的对手是朱莉安娜和拉里萨，她们是世界排名第一的一支队伍。我们来看比分啊，第一局是21比19，第二局和第三局分别是20比22、15比17，(中国队以)非常非常接近的比分差距输掉了比赛。而且对方是世界排名第一这样的两位选手，那是不是说明薛晨和张希在世界沙滩排球的排名或者说在这个领域当中也是非常强劲的一对选手呢？

骆冰：对，这个巴西的组合呢，也是体现出了排名第一的这种实力啦。我刚开始也讲过了，就是要赢取这场球也比较艰难。最后是1比2输掉了。那她们的整场比赛呢表现得还是不错的。但一个最关键的原因呢，就是网上的高度没有体现出来。巴西队打球比较灵活。你拦，你调再高，她就调你轻拍轻捅，到你的空挡位置上。特别是到了第三局的时候，中国队的张希和薛晨一点点的士气上来了，充分地发挥这个网上的高度，拦了好几个球。然后路线跟扣球也比较好，就是路线比较清晰，落点也比较好。但她们后半段呢，就是自己失误太多了，几个关键球没有把握好，所以呢第三局还是输掉了。

房瑶：其实我觉得，第三局还是有机会的，在对方体力下降的时候，抓住这个机会，打出一波小高潮，能够连续地得分，把这个比分的差距拉得大一些，可能最后的比分、最后的结果可能就会改写。可能这个薛晨、张希这两位选手呢在年龄方面有一定优势，那同时呢，在大赛经验方面，相对于世界排名第一的巴西选手朱莉安娜和拉里萨可能稍微有一些欠缺。

骆冰：对对对。

房瑶：我想可能随着这个比赛的进行，这两位选手会更加成熟，在大赛当中会有更好的表现。好的，非常感谢各位关注海南新闻频道《直播大事件》，同时也感谢海南师范大学体育学院骆冰老师来跟我们欣赏这非常精彩的四场沙滩排球比赛。好的，再会！

(央视网)

训练提示：2011年世界沙滩排球巡回赛是一档重要的体育赛事，解说时要有一定的高度，自信端庄、激情昂扬、积极饱满。应注意态度分寸的把握，用内在语控制语气，自豪感含而不露。

解说开场部分端庄客观，语势扬起，收音较高。短句子居多，注意句子层次内部的归堆抱团，选择好停顿位置，安排好气口，多选用"挫"的停连方法。在与嘉宾对话过程中可适当增加一些感性倾向，但规避细节展开，比赛过程中注意高潮点语势的把握，结尾部分注意平稳收场。

稿件二

绝对巨星——巴蒂

在对手眼里，巴蒂也许就是魔鬼的化身，你根本就不知道他会在比赛的什么时候会进球——当你认为你已经成功地防守住他时，他会忽然爆发，这样的球员也许才是最可怕的。但在家人眼里，他始终是那个柔情似水的加布里埃尔，在这个大牌球星的绯闻、丑闻、艳闻漫天飞的年代，我们却很少听到有关巴蒂的负面新闻。也许巴蒂是太热爱他的妻子和孩子了，也许这就是幸福生活的全部了。下面大家会看到在球场上叱咤风云的巴蒂在生活中温柔的一面。

天高云淡的潘帕斯草原、热情奔放的探戈，这就是遥远的阿根廷带给我们的最直接的印象，这里的文化孕育出了个性鲜明、狂野奔放的阿根廷球员。从肯佩斯、卡尼吉亚到雷东多、巴蒂斯图塔，球迷们从他们身上看到了一种野性的美，他们身上仿佛都有一种风的飘逸、风的轻灵、风的狂野，长发是他们的标志。看阿根廷球员踢球就像在潘帕斯草原上驰骋，长发随风而动，潇洒随意又透着一种狂放不羁，这正是阿根廷的足球风格。

1991年通过中央电视台的意甲联赛转播，一个叫巴蒂斯图塔的阿根廷小伙子闯进了中国球迷的视野，当时只有22岁的巴蒂斯图塔年少轻狂，他力拔千钧的进球，他进球后激情四射的庆祝，一下子攫取了中国球迷的心。很多球迷干脆亲切地称呼他：巴蒂！他们也像意大利的球迷那样叫他巴蒂GOAL，就是巴蒂进球。11年过去了，巴蒂情结在中国球迷的心中早已根深蒂固，很多中国球迷就是一边看着一个个的巴蒂GOAL，一边慢慢地长大。原先那些亭亭玉立的小姑娘，那些懵懂顽皮的少年如今早已长大成人，原先那些青春年少的青年如今已经步入而立甚至不惑之年。

有人说，做巴蒂的球迷是最快乐的也是最痛苦的。幸福是因为他完美的外形、完美的进球和完美的人格，痛苦是因为冠军总是与他无缘，佛罗伦萨消失了，阿根廷队屡屡出局，但是，不管怎样中国球迷依然痛并快乐地爱着巴蒂，痴心不改。

巴蒂的一生似乎只属于三种颜色：紫色、红色和蓝白色。紫色毫无疑问代表的是佛罗伦萨。1991年，刚刚在美洲杯上获得最佳射手帮助阿根廷队夺冠的巴蒂来到意大利加盟了佛罗伦萨，从此开始了属于他的一段紫色的传奇。在那一年，他还当选了南美洲足球先生。在此之前，巴蒂先后效力过纽维尔老男孩队、河床队和博卡青年队。

来到陌生环境的巴蒂最初对佛罗伦萨的生活并不适应，他对这座城市的第一印象并不好，因为在他看来，布宜诺斯艾利斯是一座大城市，而佛罗伦萨的古建筑让他感到很拘束，而且阿根廷足球和意大利足球的理念也存在着很大的差异，但是他渴望参加意甲比赛，因为这是世界上最艰苦的联赛。在意甲的前两个赛季，巴蒂过得并不顺利，虽然他用进球赢得了球迷的认可，但是佛罗伦萨队却在经历了多次教练的更迭引发的内乱之后，在1992到1993赛季不幸降到了乙级。球队降级后巴蒂一度想离开，因为他害怕自己的水平会因为参加乙级联赛而下降，但是巴蒂最终选择了留下，为了这座城市，为了这里的球迷，他要帮助佛罗伦萨队获得重生。巴蒂的这一义举赢得了无数球迷的尊敬，巴蒂也因此成了忠诚的代名词。

在乙级联赛征战了一个赛季之后，佛罗伦萨队重新回到了甲级行列。在重回意甲的第一个赛季，巴蒂似乎要将他在乙级联赛压抑已久的郁闷全都发泄出来，巴蒂同鲁伊·科斯塔和巴亚诺组成了意甲中非常有特点的攻击组合。在1994到1995赛季的前11轮比赛中，巴蒂创造了连续11轮比赛都有进球的意甲新纪录。在这11轮比赛中，巴蒂一共打进了13个球，他的纪录终止于同尤文图斯的那场著名的比赛中。在那场比赛之前，佛罗伦萨队在巴蒂的率领下在积分榜上位居第三位，只比排在首位的尤文图斯队少1分，但是在那场比赛中，佛罗伦萨队在两球领先的情况下被尤文图斯队实现大逆转，而皮耶罗在终场前打进了那个让他一举成名的制胜的进球。这场比赛成了两队命运的一个转折点，尤文图斯队从此一步步向前迈进直至捧回了这个赛季的冠军，而佛罗伦萨队则一蹶不振，最终只名列第十。不过，对巴蒂本人来说，这个赛季却有着非同寻常的意义，他以26个进球成为意甲联赛的最佳射手。而且在这个赛季，巴蒂还发明了以角旗为道具的庆祝方式，许多球迷以同样的方式来表达对他的喜爱，队友也在模仿他。就在这个时候，在中国球迷中，巴蒂同时又赢得了一个非常有中国特色的绰号：战神。

此时很多欧洲的大牌俱乐部都向巴蒂发出了邀请，但是巴蒂不为所动，他要率领佛罗伦萨实现冠军梦，他要继续在佛罗伦萨诠释忠诚的含义。1995到1996赛季，巴蒂在这个赛季共有19个球入账，佛罗伦萨队在联赛中取得了第三名。更重要的是，佛罗伦萨队在意大利杯决赛中3比0击败亚特兰大队获得冠军，取得了参加下赛季欧洲优胜者杯赛的资格，这是21年来佛罗伦萨队取得的唯一一项冠军。在意大利超级杯赛中，又是凭借着巴蒂的两个进球，佛罗伦萨队战胜了 AC 米兰获得了冠军，此时的巴蒂已经成为佛罗伦萨市的英雄、佛罗伦萨市的象征，球迷们给他树起了一尊雕像，将他奉为顶礼膜拜的对象。

受佛罗伦萨实力所限，巴蒂很少有机会参加欧洲的赛事，但是只要有机会，他总能在欧洲豪门面前证明自己是最好的。在 1996 到 1997 赛季的优胜者杯赛中，佛罗伦萨队一路杀进了四强，相信很多球迷还对巴蒂的这个进球印象深刻：在诺坎普球场，巴蒂的一脚凌空抽射让整个球场变得鸦雀无声，在进球后他用手指压住嘴唇，虽然整个诺坎普死一般沉寂，但是整个世界都在为巴蒂欢呼。同样，在 1999 到 2000 赛季的冠军杯赛中，巴蒂也用他标志性的进球让整个老特拉福德球场变得一片沉寂。只可惜，巴蒂向人们展示的机会太少了，他甚至为了一个意甲冠军而苦苦地追求。

1998 到 1999 赛季是佛罗伦萨队距离意甲冠军最近的一个赛季，在金牌教练特拉帕托尼的率领下，在巴蒂 17 场比赛打进 18 个球的帮助下，紫衣军团向着冠军的目标挺进。它很长一段时间都在积分榜上排在首位，但是在同 AC 米兰队的比赛中，巴蒂却不幸受伤，伤病使他休息了长达 40 天之久，失去了巴蒂的佛罗伦萨队仿佛一下子迷失了方向，最终离冠军越来越远，巴蒂的意甲冠军梦再次破碎。不过，那个赛季巴蒂尽管缺席了多场比赛，但他仍以 21 个进球再次获得了"意甲射手王"的称号。

这个时候，巴蒂知道真的到了该和佛罗伦萨告别的时候了。30 岁的他不想自己的足球人生变得苍白，他不想在退役的那一天却没有一个为之奋斗了 10 年的意甲冠军。2000 年 5 月 14 日，是巴蒂在佛罗伦萨最后一场比赛的日子，在同威尼斯队的比赛中，巴蒂上演了帽子戏法，也打进了他为紫衣军团效力的最后一个进球，佛罗伦萨人最后一次为自己的英雄欢呼。在欢呼声中，巴蒂倒在了地上，张开双臂，纵情甚至贪婪地最后一次倾听那为他而存在的紫色的呐喊。

带着对佛罗伦萨的深深的眷恋，带着对冠军的渴望，巴蒂来到了罗马城，穿上了罗马队那象征着战斗的红色的战袍，《罗马体育报》用这样的标题欢迎巴蒂的到来，"国王陛下君临罗马"。而巴蒂的离去让佛罗伦萨的球迷十分愤怒，他们推倒了巴蒂的塑像发泄不满，但是对我们这些中国球迷来说，没有人指责他背叛，因为他把一个球员最美好的时间都奉献给了这座城市，那里有他 9 年的青春。

2000 年 11 月 26 日，穿着罗马红色球衣的巴蒂来到了紫色的佛罗伦萨，终场前他用标准的巴蒂进球刺穿了老东家的大门。进球后的巴蒂没有欢呼，没有庆祝，他只是定定地站着，把脸深深地埋在双手和长发中，任由泪水从之间滑落，为了那曾经并肩战斗过的日子。这是非同寻常的一个进球，它还是巴蒂在意甲中的第 161 个进球，打破了巴乔创造的纪录，这也是巴蒂第一次没有庆祝的进球。

在罗马队,巴蒂延续着他的巴蒂进球。在很多人认为他已经老了的批评声中,巴蒂用进球进行着还击,他屡屡在关键时刻挽救罗马队。2001年6月17日,这是所有的巴蒂迷和巴蒂一起记住的日子,在最后一轮同帕尔玛队的比赛中,巴蒂为罗马队锁定了胜局,帮助罗马队历史上第二次夺得联赛的冠军,巴蒂也终于圆了自己10年的意甲冠军梦。但是,对巴蒂来说,红色并不是完美的,在巨大的压力下,他的进球越来越少。上个赛季对巴蒂来说是一个黯淡的赛季,因为那是佛罗伦萨悲剧的赛季,而巴蒂在罗马队中也只打进了6个球,紫色消失在了意甲的赛场上。不过这一次,红色的巴蒂却不能再像9年前那样去挽救它的命运。

如果说佛罗伦萨的紫色是巴蒂的成长,罗马的红色是巴蒂的归宿的话,那么阿根廷国家队的蓝白色就是巴蒂的信仰。蓝白色已经融进了巴蒂的血液,一生都不会改变。

巴蒂第一次披上蓝白战袍征战大赛是在1991年的美洲杯赛上,当时初出茅庐的他用6个进球帮助阿根廷队夺得了美洲杯,自己同时也获得了"最佳射手"的称号。美洲杯是巴蒂第一次引起世界足坛关注的舞台,而在美洲杯上,巴蒂也总会有出众的表现。1993年,他在决赛中的两个进球帮助阿根廷队卫冕冠军,在1995和1997两届美洲杯上,他都夺得了"最佳射手"的称号。

不过,最让巴蒂魂牵梦绕的还是世界杯。1994年,初出茅庐的巴蒂第一次出现在世界杯的赛场上。在同希腊队的比赛中,他开场仅两分钟便打进了他在世界杯赛场上的第一个进球,随后他献给全世界的是一个帽子戏法。那个时候,阿根廷队在马拉多纳的率领下正朝着冠军挺进。但是,在这个时候,马拉多纳却由于被查出服用违禁药物遭到停赛。失去灵魂马拉多纳对阿根廷队精神上的打击远远超过技战术上的损失,巴蒂也没能够力挽狂澜,阿根廷队在同罗马尼亚的1/8决赛中遭到了淘汰。虽然巴蒂在世界杯拥有一个梦幻般的开始,但是他的第一次世界杯之旅却不堪回首。

4年之后,为了世界杯,为了阿根廷的荣誉,巴蒂屈从了铁血的帕萨雷拉,忍痛剪掉了心爱的长发。出现在法兰西赛场上的巴蒂虽然少了飘逸的长发,但是激情却丝毫没有减少。他在前4场比赛中就打进了5个球,尽管没有了马拉多纳,没有了风之子卡尼吉亚,没有雷东多,但是阿根廷队走向冠军的步伐却是异常坚定。不过同英格兰队的那场鏖战耗尽了阿根廷队员的体力,同荷兰队的1/4决赛同样是令人窒息的一场大战。巴蒂本来有机会为阿根廷队带来胜利的,但是他的一脚劲射却被门柱残忍地挡在了大门之外,巴蒂唯有仰天长叹。随后留给球迷们的回忆便是冰王子博格坎普打进了这届世界杯上的最漂亮的一个进球,阿根廷队再次与世界杯说了再见。

在刚刚过去的这个夏天,出现在韩日世界杯上的巴蒂的脸上多了些沧桑,但是没有改变的是他对世界杯的渴望和对冠军的追求。不过此时的巴蒂并没有处于最佳状态,很多人对贝尔萨安排他首发表示了异议,但是人们仍然期待着战神的复苏。在同尼日利亚队的比赛中,巴蒂打进了他在三届世界杯的第 10 个球,他的最后一届世界杯的最后一个球,他身穿蓝白球衣的最后一个进球。

6 月 12 日日本仙台的那个下午,那是一个让所有的巴蒂迷、阿根廷迷都不愿意再提及的日子,同瑞典队比赛的第 58 分钟,那是一个让所有的巴蒂迷都会刻骨铭心的时刻,巴蒂被克雷斯波替换下场,这意味着巴蒂同世界杯、同阿根廷国家队永远地说了再见。就在巴蒂被换下场后仅一分钟,戏剧性的场面出现了,瑞典人斯文森的一脚美妙的弧线让整个世界都为阿根廷队落泪了,壮志未酬的巴蒂此时也情不自禁地流下了英雄泪。不过,当他面对同样泪流满面的克雷斯波、艾马尔的时候,他却表现得异常坚强。在今后的日子里,克雷斯波要接过巴蒂 9 号的衣钵,去继续那个属于巴蒂的未完成的蓝白色的梦。

"我能想到的最浪漫的事,就是和你一起慢慢地变老",这是恋人之间互相表达爱意时经常说的话。但是,对中国球迷来说,他们所能想到的最不浪漫的事,就是看着自己喜欢的球星慢慢地变老。岁月的巨手无情地将时钟拨了 12 年,12 年里,巴蒂进球陪伴着多少中国少年度过了他们的童年,而巴蒂也在慢慢地变老。如今的巴蒂早已不是初到佛罗伦萨时的那个翩翩少年,他曾经青春的脸上留下了痕迹,激情洋溢的战神也有被岁月征服的那一刻,无论他如何疾飞如电也永远追赶不上时间老人的脚步。

巴蒂老了,那曾经大方地向他敞开的球门此时也吝啬地关上了,这是很多球迷不愿意接受但又不得不接受的事实。但是,巴蒂已经用他的青春和才华为我们谱写了一部绿茵场上的传奇,当天赋、激情和忠诚融合在一起的时候,我们期待着艾马尔、萨维奥拉、里克尔梅和达力桑德罗们继续书写阿根廷不老的传奇!

(搜狐网)

训练提示:巴蒂用他的青春和才华为我们谱写了一部绿茵场上的传奇。解说时,要求字正腔圆,吐字饱满利落,气息沉稳顺畅。叙述比赛时,节奏紧凑明快,重音突出,多连少停,停顿以扬停为主,语句之间的推动感明显。

这篇训练长句子较多,注意句子层次内部的归堆抱团,选择好停顿位置,安排好气口,感情充沛。结尾部分深化主题,透露出对巴蒂深深的不舍以及自豪之情。

稿件三

NBA 活塞队对阵骑士队

王猛:这场比赛勇士的首发阵容(屏幕播放首发阵容),上场比赛这个阵容他们是大比分输给了活塞队,但是这是他们之前在总决赛里击败骑士的阵容。

杨毅:哦!我们看骑士这边,莫兹戈夫重回首发,不再是汤普森。

王猛:几个意思?

杨毅:我们比赛的过程当中,可以好好地分析分析几个意思。

王猛:嗯,因为最近特里斯坦·汤普森打得不错。

杨毅:我们看看莫兹戈夫重新回到首发会带来什么样的效果,这显然是针对勇士队做的一个调整,因为之前常规赛汤普森已经首发好多场了。

王猛:对,新年以后一直是汤普森首发。

杨毅:再有呢,从策略上来说,我感觉勇士队没有调策略的必要因为它一直赢。但是骑士呢,看看是不是还是以前那样,我掐库里,让其他人来击败我。

王猛:有道是"打人先打马,擒贼先擒王",我掐住库里,我就掐住了你龙头,我输不是因为你得89分输的,而是我太差了我得83分输的,我稍微准点,我就能赢!

王猛:嚯!这边把库里推到了三分线外两米,库里完成了本场比赛的一个3分。

杨毅:还是应该再坚决点。

王猛:推出3米外。

杨毅:骑士还是打詹姆斯,刚刚就是在这个点,单打巴恩斯反手上篮成功。

王猛:拉开了,让欧文正面突库里。

杨毅:好球!博古特篮下的协防影响了突破。

王猛:克莱,追身命中。今天勇士开场的手感是真好。手感火烫,而且库里和克莱呢,各有一次是顶着勒夫投。

杨毅:运动员的心理暗示是很有意思的,勒夫急了,勒夫要还一个,投篮不中。

王猛:再给克莱,呵!好球啊!

杨毅:嚯!开场之后勇士队手感火热,弹无虚发,四投四中。

王猛:对方投得顺,你就得断它的势。这个比赛开局打到现在就是对骑士队策略的挑战,对队员的决心和信心的挑战。

杨毅:还有心理上的博弈,我这么防到底行不行?

王猛:没错,你这么防,我个个打碎了你。

杨毅:扣了3个篮,投了5个3分,全队的命中率是52.5%。

王猛：又是 JR，确实厉害。

杨毅：这是勇士接受的，我接受你一打一，以个人能力击败我。

王猛：骑士要改变策略，要换防。反跑，又是一次轻松得分，勇士保持 11 分的领先优势。

杨毅：个个都是助攻，打通透了。

王猛：库里，哎哟喂，7 个 3 分了，一节比赛啊这是，7 投 6 中。考验强队的时候到了，考验这支骑士，在逆境下有没有根。

杨毅：骑士队这个心里有根，它得自己嘱咐自己，挺好，我们没有干错什么，只是对方太疯狂啦！但是我相信，我只能相信，如果我继续这么去防，继续这么给你强度，我相信你不会一直这么准，你要一直这么准，那就算啦。

王猛：你只能这样。

杨毅：这是你唯一能做的事。

王猛：香珀特推得很远，有掩护。三个人来防，库里的这个投篮能力，忌惮得让对方三个人抢到三分线外两米来防守。

杨毅：这是吓着了？

王猛：我是觉得勇士队这种攻击力已经让骑士队有些慌张了。

杨毅：现在他们最不应该的就是惊慌。

王猛：这场球对骑士的精神一直都是极大的考验。

杨毅：我想说这个比赛并不是打到现在，15 分的分差就盖棺定论了。骑士队我觉得有两点还好：第一呢，它是主场；第二呢，毕竟是第一节对方爆了，你要是咬着第四节爆了还没得可说了，第一节爆了你有调整的时间。

王猛：没错，杨老师这个意思就是这个炸弹距你还有两公里爆了就爆了，比距你只有两米强。欧文突破，给到外线勒夫，机会啊！哎呀，还是没进。

杨毅：空位出手不中啊，现在为止勒夫和欧文两场打勇士还没进过一个 3 分。

王猛：嚯！格林，格林也 3 分命中了，之前是两投零中。

杨毅：勇士进了 8 个 3 分了。

王猛：轮转阵容啊，勇士队的进攻并没有降下节奏。

杨毅：终于进了，骑士的第一个 3 分，三分线被掐死了。

王猛：回来勇士进了第十个 3 分，格林！勇士两节 70 分了。

杨毅：第二节的一个问题是勇士队的失误开始增多，很多都是非受迫性的自己失误，但是这些失误并没有让对手得到多少分数，而且呢又是在拉开分差的情况下失误的，没事。

王猛:我们看看勇士接下来赛程,有意思啊,9个背靠背,最重要的是他们跟西部的强敌马刺一场没打,也就是说剩下的40场常规赛要跟马刺打4场,跟雷霆打3场,跟快船打两场,还有一个连续7个客场的比赛。

杨毅:今年勇士两个连续7场客场啊!这是给总冠军增加难度啊!

王猛:132∶98,34的分差,超乎大家想象的一场比赛。

(腾讯视频)

训练提示:NBA球赛集竞技性与娱乐性于一身,解说时要求有比赛的紧张感和激动感,情绪积极饱满,语言可适当幽默风趣。

思考与练习:

1. 什么是体育解说?
2. 试列举几位著名体育解说员。
3. 试分析体育解说语言技巧以及相关特征。

第五章 谈话节目主持

教学目标:认识谈话节目的及特点,熟悉谈话节目主持的基本构成要素,掌握谈话节目的主持技巧。

教学重点:谈话节目的概念、分类及特点。

教学难点:谈话节目的策划及主持艺术。

课时分配:10课时。

第一节 理论概述

一、谈话节目的概念

美国在1954年首次推出电视谈话节目《今夜》,随后这个节目样式迅速发展起来,成为西方电视节目样式的主流,中国港台地区将其翻译为"脱口秀"。内地的谈话类节目起步较晚,1993年东方电视台《东方直播室》的诞生是内地电视谈话节目的开端。1996年中央电视台创办《实话实说》,主持人崔永元机智幽默的主持风格迅速受到全国观众的好评,各地方台纷纷开始创办谈话节目。

吴郁在《主持人的语言艺术》一书中指出,谈话节目是"由主持人邀请有关人士及受众,围绕公众普遍关注的重要问题在轻松和谐、平等民主的氛围中展开讨论的群体式言论节目"[1]。代树兰在《电视访谈话语研究》中认为:"电视访谈是发生在电视从业人员与具有新闻事件或被认为具有其他传播价值的、由电视台指定的嘉宾之间的交流,是职业背景下的大众传播活动和话语互动。"[2]而《广播电视简明辞典》对谈话节目

---

[1] 吴郁.主持人的语言艺术[M].北京:北京广播学院出版社,1999:402.
[2] 代树兰.电视访谈话语研究[M].北京:中国社会科学出版社,2009:25-26.

的定义为:"以谈话的方式阐述对新闻事件或社会问题的看法……"①

综上所述,谈话节目就是以谈话的形式将具有价值的新闻事件或者话题在和谐的气氛中展开积极讨论的一种话语互动的大众传播形式。

二、谈话节目的分类

如今,媒介发展迅速、更新快,尤其是以网络新媒体为传播手段的节目吸引了一部分受众,使传统的广播电视节目受到一定的冲击。以传播媒介为划分依据,谈话节目可以简单划分为广播谈话节目、电视谈话节目、网络谈话节目。因广播不具备电视的画面感和可看性,所以本书着重探讨电视谈话类节目。根据传播内容的不同,我们将电视谈话类节目分为新闻时政类谈话节目、社教知识类谈话节目、综艺娱乐类谈话节目以及行业服务类谈话节目四大类。

1.新闻时政类谈话节目

新闻时政类谈话节目是以当下最受关注的新闻事件或新闻人物为主要谈话内容的电视节目类型,节目邀请特邀新闻评论员、嘉宾等与主持人进行现场交流。此类谈话节目主持人必须具备扎实的新闻基础知识和丰富的学识,因为无论是对新闻事件的解读与评论还是对新闻人物的采访,都需要主持人深入理解新闻事件,这样才能驾驭新闻时政类谈话节目。在我国,主持新闻时政类谈话节目的主持人多为记者出身,属于记者型主持人的范畴。如白岩松、董倩、张羽、张泉灵等。

(1)新闻事件解读类谈话节目

新闻事件解读类谈话节目的主持人在节目中多半起着"意见领袖"的作用,也是沟通国家以及政府部门与公众的重要桥梁和纽带。节目还会邀请行业精英和权威专家从自己所擅长的领域出发进行点评和分析,并将这一过程传播给受众,起到设置议题的作用。

比较有代表性和影响力的新闻事件解读类谈话节目当属中央电视台新闻频道的《新闻1+1》。《新闻1+1》是中央电视台新闻频道唯一一档时事新闻评论直播节目,每期节目从国内的时事政策、公共话题、突发事件等大型选题中选取当天最新、最热、最快的新闻话题并展开评论分析。《新闻1+1》打破传统的新闻播报方式,大胆地采取现场直播形式,向受众展现当天新闻话题的事件全貌,解读事件真相,更首次引入"新闻观察员"的全新概念,采用"1+1"的模式,即一位主持人和一位新闻观察员的双人谈话的模式,由白岩松、董倩联袂搭档主持,第一时间深入解析新闻背后错综复杂的背景

---

① 王群,曹可凡.谈话节目主持概论[M].北京:中国传媒大学出版社,2007:8-10.

脉络,还原新闻全貌、解读事件真相。

(2)新闻人物访谈类谈话节目

该类节目主要是围绕新闻焦点人物或是新闻事件中的主要人物进行的。节目谈话对象,具备一定的新闻点。代表性新闻人物访谈类节目有中央电视台《面对面》《高端访问》、东方卫视《杨澜访谈录》等。

2.社教知识类谈话节目

社教知识类谈话节目是社会科学教育知识类谈话节目的简称,题材广泛,编排和设置也十分灵活,主持人具有很强的引导和调节作用,因此,主持人必须具备较强的主持能力。

(1)社会话题类谈话节目

社会话题类谈话节目是针对当下受众最关注的社会焦点、家庭生活或与人的发展息息相关的问题进行讨论的谈话节目。代表性节目有中央电视台《半边天》《小崔说事》《实话实说》、东方卫视《东方眼》等。

(2)知识理念类谈话节目

知识理念类谈话节目大多侧重知识类、文化类选题。此类节目的主持人要具备一定的知识水平,有较深厚的知识储备和文化积累。代表性节目有中央电视台《读书时间》《朗读者》、北京卫视《读书》、重庆卫视《龙门阵》、陕西卫视《开坛》等。

(3)心理调解类谈话节目

心理调解类谈话节目不仅可以通过引导、沟通等形式疏导嘉宾的心理问题,也能解决一些现实生活中存在的矛盾。此类谈话节目的主持人必须具备心理学知识,具有良好的心理素质、敏捷的反应能力、极强的观察能力以及较好的情绪调节能力。代表性节目有东方卫视《心灵花园》《幸福魔方》《新老娘舅》、北京卫视《幸福秀》、江西卫视《金牌调节》等。

(4)健康生活类谈话节目

健康生活类谈话节目是着重讨论饮食、健康、养生以及与保健相关的知识的节目。代表性节目有中央电视台《健康之路》、北京卫视《养生堂》、云南卫视《养生汇》等。此类节目的主持人不仅要有很强的节目驾驭能力,而且要具备一定的专业知识。

3.综艺娱乐类谈话节目

综艺娱乐类谈话节目是谈话节目的重要组成部分,很多明星通过综艺娱乐类谈话节目拉近与观众的距离,许多主持人也通过主持此类节目而声名鹊起。综艺娱乐类节目中的嘉宾不仅有演艺界明星,而且有体育界明星。此类节目主持人必须具备良好的沟通能力,在生活中也有好人缘。

(1)明星访谈类节目

明星访谈类节目主要以明星为访谈对象,通过主持人与明星的谈话,讲述明星的成长过程、奋斗经历、情感生活。代表性节目有中央电视台《艺术人生》、凤凰卫视《鲁豫有约》、安徽卫视《非常静距离》、北京电视台《超级访问》、湖南卫视《背后的故事》等。

(2)真人秀谈话节目

真人秀节目是在规定情景中按照预先设定好的游戏规则或节目章程展现表演过程的节目。真人秀谈话节目就是将真人秀节目的形式放置到谈话类节目的一种节目形式。婚恋类真人秀谈话节目、职场竞技类真人秀谈话节目是目前真人秀谈话节目的主要形式,例如湖南卫视的《我们结婚吧》《称心如意》、江苏卫视的《非诚勿扰》、天津卫视《非你莫属》等。此类节目现场的突发状况较多,因此该类谈话节目的主持人必须具有极强的现场操控力和灵活的应变能力。

(3)体育类谈话节目

体育类谈话节目是主持人与嘉宾围绕体育赛事进行谈话的电视节目,例如中央电视台体育频道《五环夜话》《名将之约》《体育人间》等。该类节目的主持人大多热爱体育或对体育较为感兴趣,有很多具备体育专业背景,有的是某项目的运动员,有的是播音与主持艺术专业体育方向的学生,例如上海体育学院和西安体育学院都开设了相关专业方向。

4.行业服务类谈话节目

行业服务类谈话节目按照内容大概可以分为财经类谈话节目、法制类谈话节目、军事类谈话节目以及工农类谈话节目。

(1)财经类谈话节目

财经类谈话节目主要是主持人围绕有关经济发展或金融现象的话题,与商界名人或精英进行谈话的一种节目类型。此类节目的主要受众是企业领导、白领精英、金融爱好者。该类节目所传播的内容较为专业化,因此主持人要具备一定的经济基础知识。中央电视台财经频道的《对话》是比较有影响力的财经类谈话节目,主持人是陈伟鸿。该节目以"传递最新的时代理念,旨在以最新的价值立场影响社会中最具事业感、最具国际视野、最具个性的新主流人群"为节目宗旨,将目标收视群体定位于"关注经济改革动态并具有决策能力的社会精英人士"。除此之外,还有上海财经第一频道《财富人生》、浙江电视台《今日证券》等。

(2)法制类谈话节目

法制节目是对公民进行法律宣传的重要途径。法制类谈话节目较法制类新闻节目,形式上更加活泼,可以更好地宣传法律法规,向社会的各个层面传播法律知识。比较有代表性的节目有中央电视台社会与法频道的《一线》,该节目邀请法律专家围绕法律事件或法律热点进行讨论。还有该频道的《忏悔录》《热线12》《夜线》等节目,都是以社会普遍存在的真实问题为案例,通过访谈的形式深入浅出地介绍法律知识。

(3)军事类谈话节目

军事类谈话节目围绕国家防务、军情知识、军事动态和军事科技等话题进行访谈。此类节目的忠实观众一般为军人或军事爱好者。军人文化走进人民群众的视线,不仅拓展了观众的视野,也有利于宣传我国的军事发展。中央电视台军事农业频道的《和平年代》《军旅文化大视野》是其中很有影响力的节目。

(4)工农类谈话节目

工农类谈话节目围绕工业、农业发展中的典型事纠展开访谈,反映当下工人、农民的生产生活状况,树立时代楷模。中央电视台军事农业频道的《当代工人》《聚焦三农》《乡约》是比较有影响力的工农类谈话节目。

三、谈话节目的特点和功能

1.谈话节目的特点

谈话节目的核心是谈话。谈话是人与人之间最真实、最直接的一种交流方式。在谈话节目中,主持人和嘉宾始终处于实实在在的交流互动中。由此可见,真实性和互动性是谈话节目的两个主要特点。

(1)真实性

谈话节目的真实性主要体现在两个方面:一方面,从准备工作来看,谈话节目切忌排练,如果事先主持人与嘉宾已经对好词,照本宣科进行谈话,那么节目中的谈话就失去了意义,不具有真实性;另一方面,从主持过程来看,无论是主持人的提问还是嘉宾的回答,都应该是真诚的,不能说假话、空话。

(2)互动性

谈话节目是主持人与嘉宾的交流,互动在整个谈话过程中体现得最明显。主持人与谈话嘉宾的你问我答、眼神交流、动作回应,都证明了互动性的存在。如果主持人与嘉宾在交谈过程中因思维碰撞而产生火花,就会将这种互动性体现得淋漓尽致,观众才会觉得有观赏价值。

2.谈话节目的功能

(1)导向功能

谈话节目要坚持正确的舆论导向。《新闻1+1》主持人白岩松作为央视资深新闻评论员,新闻评论导向正确,为主持人把握导向起到示范作用。

(2)审美功能

谈话节目作为不同社会群体思想交流与对话的重要载体,一方面起到信息传递和大众传播的作用;另一方面,在节目中,主持人的主持艺术得以施展,各行各业嘉宾的专业学识得以体现,嘉宾的情感认识、思想感悟、所见所闻都能带给受众美的享受。谈话节目不仅能陶冶受众的情操,也能带给受众启发和见识。

四、谈话节目主持人的基本要求

1.新闻时政类谈话节目:客观、严谨、准确

在新闻时政类谈话节目中,主持人对新闻事实或新闻人物要保持客观冷静的态度。在口语表达过程中,力求用词严谨,无论是表述新闻还是发表评论,不使用粗俗的、有争议的词汇。在观点的阐述过程中,要把握好说话的分寸,准确传达观点。

2.社教知识类谈话节目:亲切、轻松、活泼

社教类谈话节目要有贴近性,选择与老百姓的生活息息相关的话题,表达亲切自然。在形式上,保持轻松的节目氛围,让嘉宾心情愉悦,沟通畅快。

3.综艺娱乐类谈话节目:活泼、幽默、灵活

综艺娱乐类谈话节目的嘉宾往往是演艺界明星、歌手、体育明星等。主持人热情活泼,语言幽默、风趣。在综艺娱乐类谈话节目主持过程中,由于现场具有不可控性,主持人要灵活处理突发状况。在节目衔接中,主持人要调动自己的智慧,为节目设计一些有趣的环节。

4.行业服务类谈话节目:专业、通俗、易懂

行业服务类谈话节目最主要的特点就是专业性。无论是财经类谈话节目还是军事类谈话节目,都是某一行业特定受众喜欢收看的电视节目类型。因此,行业服务类谈话节目主持人必须有专业知识的积累。但在节目过程中,主持人要避免使用过于专业的词汇,保证节目内容的通俗易懂。

五、谈话节目的策划准备

1.设计话题和准备材料

谈话节目选择的话题要有价值：或者体现一定的社会价值，或者体现一定的节目价值。确定了谈话节目的话题，接下来就应该积极准备与话题相关的材料。例如新闻类谈话节目要搜集与新闻话题有关的背景资料、新闻链接、音频或视频资料；明星访谈类节目要搜集嘉宾的信息、经历、喜好等。

2.设计节目开场

节目如何开场是主持人与编导应该细心筹划的重要内容。一个设计巧妙的节目开场能够对节目起到点睛的作用。例如《非常静距离》节目，主持人与嘉宾伴随着 Rap 音乐跳着舞进场，既调动了现场气氛，又缓解了嘉宾紧张的情绪。谈话节目的开场可以是简明扼要、直奔主题的；可以是深入浅出、抛砖引玉的；也可以是不落俗套、充满创意的。

3.设计谈话过程

主持人或编导事先设计谈话过程，理清谈话脉络，对节目的流畅进行非常重要。所以，应提前设计谈话过程。首先，主持人要设置好自己要问的问题，要考虑嘉宾是否愿意回答这个问题，大致会怎样回答；其次，对嘉宾所回答的内容要有所设计，哪些内容超出了节目的预期内容，哪些是无效回答或者是无效语料，主持人都应该做到心中有数；最后，要设计好与嘉宾在哪些地方进行深入交流。

六、谈话节目的现场主持艺术

1.强化有声语言的表达

主持人在现场主持中，要保持良好的有声语言表达状态，发音清楚、表意准确、思维流畅、起伏得当、节奏平稳。《新闻1+1》节目中，主持人董倩大气从容，语言表达状态较好，对嘉宾进行提问时，状态积极，问题提得非常清楚，对嘉宾的回答总结到位，并且可以恰到好处地进行回应。

2.优化副语言的使用

副语言包括表情、动作、神态、妆容、服装等。谈话节目主持人除了使用有声语言与嘉宾交流，副语言的使用也至关重要。对嘉宾的一个微笑，与嘉宾握手，对嘉宾的一个手势，都可以表明自己对嘉宾的态度。主持人精致的妆容、得体的着装，都体现着对嘉宾的重视和尊重。例如《杨澜访谈录》的主持人杨澜，干练的短发、整齐的服饰、大方的动作,都是主持人魅力的构成要素。

3.保持积极认真地聆听

倾听是谈话节目主持人必须具备的素质之一。没有倾听便没有交流,良好的倾听是谈话的基础,倾听推动了谈话的进行。只有认真倾听嘉宾说话,才能把握谈话脉络,才有可能与嘉宾深入交流。《鲁豫有约》的主持人陈鲁豫就是一位善于倾听的主持人,她简短的话语引导嘉宾将自己的故事呈现给现场以及电视机前的观众。

第二节 示例分析

示例一

健康之路·胃气通 胃轻松(片段)

主持人: 我们经常可以收到观众的来信,我发现无论是上年纪的观众还是年轻的观众,很多人都给我反映一个情况,就是经常会感觉到自己的胃很不舒服,那咱们先问问大家,生活中有没有胃部特别不舒服的时候,王骥有吗?

王 骥: 我是胃寒,只要稍一着凉,比如说秋天的时候风一吹,扣子没扣好,完了,这一个冬天都很容易闹肚子。

王笑舒: 我觉得可能是咱们的职业病,我怕晚会和直播,我晚饭一定吃不了,晚饭只要你不吃你就会觉得整个胃拧着疼,直不起腰。有时候,活动越大越紧张,肠胃会越不舒服。

主持人: 那你说到底是因为什么呢?这个胃经常会闹毛病。

(中央电视台《健康之路》2016年3月12日)

示例分析:《健康之路》是一档倡导健康生活为主旨的社教知识类谈话节目。开办至今,凭借鲜明的节目定位、权威的专家讲解、科学的现场演示,为大众传播实用的健康知识。社教知识类谈话节目往往具有很强的服务性,主持人不仅掌握专业知识,还能循循善诱地与嘉宾沟通,为广大观众答疑解惑。本案例节选主持人与嘉宾开场的一段对话。主持人冀玉华询问嘉宾有没有胃不舒服的时候,在认真倾听嘉宾的发言后,抛出下一个问题:为什么胃会出毛病?主持人冀玉华具备较强的亲和力和沟通能力。

示例二

鲁豫有约·向华强(片段)

陈鲁豫：从20世纪80年代开始,如果你特别喜欢看香港电影的话,我想向华强这个名字你应该不觉得陌生。很多人都知道,他是那个很神秘的、挺低调的电影界的大亨。他真的很低调,因为这么多年吧,几十年吧,他从来没有接受过访问,不过坊间关于他的传说多得数不胜数,尤其是这些年网上关于他的报道有很多很多。我个人呢,也是看着他的电影长大的,对于他也有很多的好奇,有很多的问题想问他。今天,我到了香港,在我身后的那个建筑,就是向华强在香港的家,等一下我会见到他和向太,把我的很多问题向他们夫妻俩一一求证。(画外音)

陈鲁豫：你当时怎么知道一部电影是可以成还是不成?

向华强：知道,我和我弟弟的功力就是这个样子。拍之前,你对你的剧本、你的题材已经有点把握。拍完出来我们就会召集一群外面的观众做一个试映。外面随便找几十个人来,看完了就让他们写问卷。我们看那个问卷反映哪里好笑哪里不好笑,再根据这个问卷重新剪一遍,需要重拍的我们马上做,通通以观众为依据。所以当上映的时候,我们都是信心十足。

(凤凰卫视《鲁豫有约》2015年4月28日)

示例分析：《鲁豫有约》是香港凤凰卫视的电视谈话节目。主持人陈鲁豫对问题和提问方式都做了精心设计,比如第一个问题设计得非常到位,问向华强怎么知道电影成还是不成,引起了向华强的兴趣。综艺娱乐类尤其是明星访谈类谈话节目,不仅需要精心设计问题,主持人对现场的驾驭和把握也非常重要。

示例三

对话·养老的朝阳拼图(片段)

陈伟鸿：好,谢谢!欢迎收看《对话》,今天录制这期节目的时间很特别,因为是九九重阳节。这个已经延续了2 200多年的传统节日在中国被更多的人看作是老年节。当然呢,在今天我们也请到了很多的老年朋友。掌声欢迎大家!也祝愿大家节日快乐,更要祝大家身体健康、快乐长寿。我们可以从他们灿烂的笑容中感受到一份朝阳,但是呢,对于关注老年人事业的养老产业来说,也有人说,它是夕阳产业,那其实也有一些例证。比如说,在社会上我们常常可以听到这样或那样的议论,养老环境脏乱差,养老机构服务不到位,伺候老人吃力不讨好,送父母去养老院就是不孝顺,老人寂寞无助,越做养老越亏钱。所有的这些评价似乎都给了我们一个心理暗示,那就是养老产业都是夕阳产业。今天我要告诉各位的是,我们现场来的每一位嘉宾,心中都有一个共同的心愿,那就是我们要把这个别人看上去是夕阳的产业,打造成一个朝阳的产业。

(中央电视台《对话》2015年10月25日)

示例分析:《对话》栏目是中央电视台2000年推出的一档谈话节目,时长60分钟。该节目致力于为新闻人物、企业精英、政府官员、经济专家和投资者提供一个交流和对话的平台。本期节目讨论的话题是养老产业。主持人陈伟鸿在开场中很注意与嘉宾的互动,亲和力较强、状态平稳、思路清晰。

第三节 训练稿件

稿件一

新闻1+1·天价鱼,不仅是天价的问题

董 倩:晚上好,欢迎收看正在直播的《新闻1+1》。春节已经过去了,但是发生在春节里面的一件和游客吃饭的有关事件却在持续地发酵中。一位常州的旅客到哈尔滨去旅游,因为一种鱼的价格和饭店起了争执。什么鱼呢?我们来看一下。这个鱼呢,并不常见,叫作鳇鱼,饭店的标价是398元一斤,按说这样的一个价格并不便宜。但是双方争执的焦点却不是在价格上,而是在斤两上。事情一出呢,人们很自然地就联想到去年在青岛有一个叫天价虾的事件,因此也就自然地把这件事情命名为天价鱼。事情一出,很快就在网上传播出来了,当地政府也迅速调查了,而且马上也拿出来一个调查结果。按说,事情进展到这里,应该画上一个句号了,但是没有想到的是随着官方调查结果的出台,很多人都坐不住了,包括当事人都坐不住了,那到底是怎么回事呢?我们今天就来关注一下。

记 者:2月12号,来自江苏的陈岩将他们一家21口春节在哈尔滨的旅游体验发布到了微博上,在微博中陈岩说道:2月9号,也就是大年初二的晚上,从哈尔滨冰雪大世界出来,被导游带去一家叫北岸野生渔村的饭店,两桌吃了1万多块钱。味道差也就罢了,店家还乱写斤两,明明吃了10斤,买单时却成了14斤。与店家理论,店家打人,打了110也不管用,最后被迫结账。这条微博在最初引发了众多网友对涉事餐厅一边倒的谴责,更多媒体也开始介入。2月15号,哈尔滨市委宣传部官方微博就发布了初步调查结果。

（画外音）

董　倩：初步调查结果说，北岸野生渔村属明码标价不违规，陈某点的鳇鱼在下单时就显示14.4斤，不是10斤。店家最后打折收了陈某7000多元，不是1万多元。警察出警后，未见双方有肢体冲突行为。调查中还提到事发后调查方一直没能与当事人取得联系。这个调查一经发布几乎否定了陈岩的说法。最后，陈岩出面回应称：调查情况不属实，坚称自己所点的鱼是10斤4两，而不是14斤4两。

（画外音）

董　倩：好，我们大概回顾了一下事情的经过，那么今天晚上8点的时候呢，当地出了一个新的通报，我们不妨来看一下。这个天价鱼事件经过深入的调查，目前该饭店存在什么问题呢？不以真实名称提供服务，餐饮许可证过期等问题，说到了两个要害问题。相关部门责令其停止经营活动，并依法依规按程序进行行政处罚。这样一个通告，虽然短，但它毕竟涉及了一些实质的问题，我们不妨回顾一下。当第一份官方的调查结果出台的时候，一个看似简单的事件为何会演变成这样一个复杂的问题，我们来继续关注。

（画外音）

董　倩：其实，我们看这件事情，你要说它简单啊，它真不复杂，为什么？其实，大家关注的就这三个核心问题，三个什么核心问题呢？"饭馆是不是存在缺斤短两""鳇鱼是不是野生的""整个冲突过程中是否真的打人"。如果官方的调查结果能够对这三个问题一一回应的话，恐怕事情不会发生这所谓的一次又一次的反转。但是在第一次官方调查报告中，这三个问题没有一个触及了，到底为什么会是这样一个结果，我们连线一位专家，中国政法大学法制政府研究院的王静波教授。

董　倩：您觉得这个事情是不是好调查？因为这涉及一个什么问题呢，这面对一个公众话题，人们很自然地希望官方能够作出回应，不仅权威而且还能快，但有时候快就没有足够的时间去调查，那么做到权威的话就需要时间，那在权威和时间上，您觉得应该先顾哪头？

王教授：我认为权威应该是最重要的，因为这个不是说一定要一次性地完成回应。第一次回应的时候可以缓一下，比如说马上联系消费者，那完全没有跟消费者联系的情况下出这样一个单方的一种事实认定的话，这个是很不妥当的。

董　倩：非常谢谢您。

董　倩：好了。我们最后来看一个数字，来自国家旅游局。今年春节假日期间，全国共接待游客3.02亿人，比去年增长了15.6%。这个数字说明人们旅游的愿望越来越强烈,但是在面对这样一种巨大的旅游热情的时候,各地应该怎样将这种热情变为自己的动力,这也是一个大问题。

(中央电视台《新闻1+1》2016年2月17日)

训练提示:新闻时政类谈话节目,提问的设计非常重要,问题要精准贴切、提问要精彩巧妙、评论要有的放矢。日常训练中,同学们要多关注新闻事件,多练习新闻复述和新闻评论,丰富知识储备,提高新闻敏感度。

稿件二

面对面·老人摔倒之后

主持人:大家好,欢迎收看《面对面》。我身后的大屏幕上面一边是一位74岁的老人,一边是三位八九岁的孩子。几个月前,老人在路边摔倒,其中一个孩子被老人抓住,并被指认为肇事者,于是双方开始因此发生纠纷。但是几个月之后,这起事件引起人们关注的时候却是这位74的老人,因为敲诈勒索被处以行政拘留。因为年过70,处罚并未实行。但是参与此事的老人的儿子(龚先生)被警方给予了10天的行政拘留,此时此刻他正关押在当地的拘留所。那么这起纠纷究竟是怎么发生的,事情的真相又到底是怎样的呢?本周我前往四川省达州市采访了这一事件的相关当事人。

画外音:11月21号,《华西都市报》发表了题为《扶起摔倒太婆,小孩被指肇事》的报道。民间流行着一句话,叫作"摔倒的老人扶不起"。明明是我的孩子做了好事儿,现在反倒被赖上了。有些媒体甚至还提出"是老人变坏还是坏人变老"的话题来进行讨论。媒体的转载和评论让这一事件迅速流传,公众的愤怒集中到了阿婆身上。本周,当我们到达达州市的时候,蒋阿婆的儿子因为公安机关认定的敲诈勒索已经被关押在市拘留所。

主持人:当时对你实施拘留的时候,你当时什么反应?

龚先生:他说我是诈骗,叫我退钱。我不退,不退还要拘留我,拘留就拘留。叫我签字我没有签,我不服。

画外音:判罚结果公开后,74岁的蒋阿婆开始透过媒体频频下跪、频频喊冤。

蒋阿婆:冤枉啊冤枉,那是冤枉啊。

画外音:与之相反,被这件事纠缠了五个月的三个孩子和他们的家长则在判罚结果当天留下了这样的照片。

主持人:这个结果是你一直期盼着的吗?

孩子家长:说实话,我想的是只要她承认错误,我也不想她受到什么惩罚。你认个错嘛,这也没什么大不了的,对不对? 只要能把我这个事情搞清白就行了。

主持人:现在孩子呢?

孩子家长:我刚才跟他讲了,家里有媒体采访,叫他的外婆来接他,我说你等一下回来,他在外面。

画外音:正南花园小区是一个老社区,五个月前小区的入口尚未硬化,有些坑洼的土洞。6月15号下午,小云和两个伙伴在坡道上玩耍,74的蒋阿婆也刚好经过这里。

主持人:您是一个人吗?

蒋阿婆:就是我一个人。

主持人:那个路是一个什么样的路,是个坡道还是平路?

蒋阿婆:没有坡,我就在前面走,她那个一撞过来,我就倒在地上了。

主持人:你是什么时候见到老奶奶的?

小 云:她倒下的时候。

主持人:她怎么倒下的?

小 云:她滑倒了,就一下子倒在了地上。

主持人:你当时在玩,你怎么会注意到呢?

小 云:她叫我的。

主持人:那她怎么叫你呢?

小 云:小孩,你扶我一下。

主持人:阿婆,你有没有在倒地以后,说"过来扶我一下"这句话。

蒋阿婆:我没叫她,当时我走在道路上,三个学生一撞把我撞到了,就倒在地上了。

主持人:那小孩是怎么撞的,是从后面撞的还是从前面撞的?

蒋阿婆:从侧面冲过来的,三个同时撞过来的。

主持人:三个孩子同时撞到您身上了吗?

蒋阿婆:嗯。

主持人:但是我采访的那个孩子和您的身高基本上差不多,应该到您肩膀的位置,那怎么会撞到您这个位置呢?

蒋阿婆:这个事儿好久了。

主持人:好久了就记不清楚了。

蒋阿婆:好几个月了,反正实际是把我撞倒了的。

主持人:她那个时候躺在地上还是坐在地上?

小 云:像这样(躺在地上状)。

主持人:那你做了什么呢?

小　　云：就是把她扶起来，她就把我的手抓住。

主持人：她在跑的过程中，你怎么可能一下子就抓住她呢？

蒋阿婆：她把我撞倒了，撞倒的时候我就揪住她。

主持人：你抓住孩子以后，第一句话跟她说什么？

蒋阿婆：我第一句就是说，我上午在跳舞，她就说她外婆也在跳舞。

主持人：她撞了你为什么先说跳舞的事儿？

蒋阿婆：就是我抓住她，我就说我是个好人，就是那个意思，我是好人，走去那儿就让她给撞倒了。

主持人：那孩子跟你说了什么呢？

蒋阿婆：她说婆婆，不是我一个人撞倒你的。

主持人：目前老人也提出了复议，所以对于这件事最终的结论，还是需要司法进入最终的调查。但是在整个事件中，四川省达州市警方的介入还是让我们看到了法律在维护社会公序良俗方面的积极应对。当然，除了法律层面，我们还需要在制度方面进行思考。就在上周，北京市民政局出台了一项政策，北京市300万老年人口不论户籍，如果发生了跌倒摔伤等意外的伤害，均可以获得意外伤害赔付，最高可获得20万元。其中低保、三无还有失保等老人的医药费由政府来买单。我们乐于看到这样的政策取向，也就是通过完善的社会保障制度来扶起脆弱的老人，也让路上的行人不再害怕伸出援助之手。

（中央电视台《面对面》2013年12月1日）

训练提示：新闻人物访谈，核心是新闻人物。主持人古兵迅速捕捉新闻人物的特点，对新闻人物展开提问，有技巧、有礼貌。日常练习中，可以分小组模拟进行采访和提问，设置问题时要抓住时下受众最关心的话题。

稿件三

小崔说事·我的白鹿原（改编）

崔永元：掌声欢迎陈忠实先生。陈忠实先生很少上电视节目。

陈忠实：上过两回中央电视台的。

崔永元：您是我们特别尊敬和喜爱的作家，但是我们知道，您和我们的经历差不多，最初对写作有兴趣，也是从写作文开始的，也是从写作文受到老师嘉奖开始的。在受到老师嘉奖前，您意识到了作文写得好吗？

陈忠实：没有，在上初中二年级以前，我几乎没接触过文学作品。我在上初二的时候,语文课本上有赵树理的一篇很短的短篇小说,叫《田寡妇看瓜》,里面讲的是一个寡妇的瓜被偷了,我觉得这么个小事都可以上中学生的课本,我就很惊讶。

崔永元:那在这之前,您认为什么样的事情才能像小说?

陈忠实:应该是些很神秘的事,像《三国演义》《水浒传》,我觉得这不是凡人的事。所以我立即到学校图书馆里头去找赵树理的作品,借来了赵树理50年代初期、中期出版过的几本小说,这是我第一次产生阅读的欲望。读完了他的短篇中篇小说集之后,我就开始在作文本上写小说了。

崔永元:当时有没有模仿的痕迹。

陈忠实:那肯定有,模仿最明显的一个表征就是小说人物都加上了外号,那时得到了老师对我的肯定,还给我满分。这是我真正意义上的第一次创作,和一般的作文不一样。

崔永元:除了赵树理,您还喜欢很多作家,比如柳青,我手里拿的柳青的《创业史》,为什么喜欢柳青呢?是因为和你的生活比较接近吗?

陈忠实:因为柳青在长安深入生活的那个地方,离我的家很近,尤其他作品里的乡村人物,我都能找到对应的人物。他的作品让我对他产生了覆盖式的崇拜。之前刚发表《创业史》时,我会用家里给我的两毛钱的咸菜钱来买他的书。《创业史》有巨大的魅力,我读了很长时间。

崔永元:您一遍一遍地读,是读什么?

陈忠实:体味他语言和艺术的魅力。从我懂事开始,一直接受的是集体主义教育。柳青当年做的工作,我当时也做过。所以这个体验,就完全属于作家个人。如果没有农村的生活经历,那就可能没有直接的心理体验。所以这个过程是很复杂的,我后来把这种历程叫作剥离,必须剥离旧有的那些理念,形成新的思维。

王雪纯:您是怎么开始读外国作品的呢?

陈忠实:在我初中三年级时,读《静静的顿河》四大本,这是获过诺贝尔文学奖的作品,是我这一生读的第一部外国文学作品,后来就多了。

崔永元:读完什么感觉?

陈忠实:我感觉到那个生活很浪漫,晚上读书,白天割草,跟乡村孩子没有任何区别。唯一的区别就是我脑子里面有一条顿河,他们没有,这就是我的小浪漫。

王雪纯:那后来呢?

陈忠实:后来我就接触得多了,后来阅读的感觉纯粹是一种欣赏式的阅读,比那种急功近利式的阅读要实在得多。之前,我中止了好几年的写作,因为禁锢太多。

崔永元:大家看到的这本《白鹿原》是花了4年时间写作的,构思2年,一共花了6

年时间。

陈忠实：到最后这个阶段，家里人都在城里，我一个人坚守把它写完。我想，如果这本书发表不了，我就去养鸡。这个思想准备我已经有了，因为写完它，我已经50岁了。如果我花了那么长时间的作品没有出版，我就从专业作家转变为业余作家，但不放弃文学。

王雪纯：您给《白鹿原》的创作手记取了个名字，叫《寻找属于自己的句子》。

陈忠实：这是海明威的一句语录，我觉得这是一个生动而又准确的概括。

崔永元：我们知道您在写这本书的时候，跟里面的人物一起喜怒哀乐，那是一种什么状态？

陈忠实：我只说一个人物，记忆特别深刻：小娥。当我写到小娥死了的时候，我两眼全黑了。被亲情所杀，这是一种残忍的形式，我感触很深。当时，那个历史背景只能活到这，不能说想活就活，不能延续。

崔永元：笔在您手里，但是命运是他们自己的。《白鹿原》出版了20年，累计1 383 350册，我觉得对于一本小说而言，能卖20年，那是一部长销作品。您写《白鹿原》的时候，人物的性格形象都在你眼前浮现过？

陈忠实：对，但都没有肖像描写。我把握人物的心理过程，用心理真实来代替肖像的具象化。尽管没有肖像描写，读者还能感受到不同人物的个性。

崔永元：您以后还会写这种大作品吗？

陈忠实：不会了，写不动了。

崔永元：那您以后就多给大家写点儿序吧。

陈忠实：除了个别情况以外，我也不写，但是阅读的习惯还保留着。

崔永元：节目的最后了，我觉得咱们特别受益，谢谢您！观众朋友们，再见！

（中央电视台《小崔说事》2012年9月24日）

训练提示：社会话题类谈话节目，主持人必须围绕节目给出的话题进行提问，主持人的提问和嘉宾的回答都不能超出这个范围。训练中，可以多练习即兴说话和话题评述，积累丰富的语料，提升个人修养和见识，评论话题时才能做到有话可说、有话巧说。

稿件四

读书·一个理工男写的爱情故事（片段）

李　潘：各位好，欢迎来到《读书》，我是李潘。我想问一问电视机前的观众，你有没有试过完全不计回报，像傻子一样玩命地爱一个人，又或者你有没有试过，事事明白唯独爱情上愚蠢，而且甘愿愚蠢。你也许会说，这样做，在生活中有点太不靠谱了吧，而且确实在我们的生活中像这样的傻子一样玩命地爱一个人的爱情可能太少了。但是在我手中的这本书里却满满都是这样的爱情故事，这本书的名字叫作《玩命爱一个姑娘》。今天我们就一起来聊聊爱情吧。让我们掌声有请这本书的作者宋小君和一位读者，著名编剧孟婕女士，有请！

宋小君：主持人好，大家好。

李　潘：欢迎小君，您好，孟婕您好。

孟　婕：您好。

李　潘：请坐。

李　潘：先问孟婕，你是读者对吧？

孟　婕：对。

李　潘：这本书是全部读完了？

孟　婕：对。

李　潘：你怎么评价他写的这些爱情故事？

孟　婕：我记得当时我看完之后，第一个感觉就是，宋小君同学给我们女性一个梦，让我们相信世界上还有真爱的存在，很温暖。

李　潘：其实他是一个写梦的人、写理想的人。

孟　婕：对，我觉得是满足了我们广大女性读者的这样一个理想，我们想象中的爱情、理想中的爱情，我觉得宋小君在这本书里都给我们了。

宋小君：生活里其实也有这样的爱情，只不过我们可能忘记了，或者说被一些东西掩盖了，但是其实我们都有。所以我认为我写出来这样一种状态，其实是我们每一个人的本能吧，我负责把它唤醒。

李　潘：你在写作上为什么那么热衷于爱情这个主题。

宋小君：其实是这样啊，不是我热衷于爱情，是全人类都应该热衷于爱情。我觉得，我一直是一个爱情至上主义者，因为爱情也是我们生活中的一个英雄梦想，所以不是我热衷，而是说，这是大家都需要的。

孟　婕：对，我觉得宋小君让我们女生对生活、对爱情不绝望，真的是一件功德无量的事情。

李　潘：所以是一个暖男作家。

孟　婕：对。

孟　婕：好，那么其实说到这儿，我想可能大家都很想知道，这本书里究竟都写了什么样的爱情故事会让女生不绝望、对生活不绝望。好，孟婕，你说说你印象最深的一个故事。

孟　婕：印象最深的应该是这里面的第一篇《玩命去爱一个姑娘》，因为这是开篇的第一个故事嘛。

李　潘：那小君能不能把这个故事讲给大家听一下。

宋小君：可以啊，那我站起来讲吧。

李　潘：可以啊！那看样子你站起来更有激情。（鼓掌）

李　潘：其实我印象还很深，就是书中最后收尾时还说，他们最后是开着一辆卡车，自己的卡车，取名叫"何玉号"。

宋小君：对，是一个男生对女生的一种保护嘛。就是我给你一个军舰，虽然是陆地上的军舰，但是在我心中就是你的一个港湾。

因为是这样，什么人写什么书嘛，因为我也是一个小人物嘛，就是从老家农村到这个大城市来生活，来谋生、谋爱。所以我关注的就是我们这些小人物的爱情。这个爱情不是架空的，它是建立在生活基础之上的。可能你要挤地铁，你要面临压力，你买不起房子，你要合租，你有这样的压力，但是你又崇尚爱情，在爱情里面你又很勇敢。我觉得就算我没有钱，就算我没有房子，我要租房，就算我很穷，但我一样可以爱你；就算我是一个卡车司机，我一样可以爱你爱得死去活来。所以我希望能传递这样的一种信息，就是小人物的纯真的勇敢的爱情。

（中央电视台《读书》2015 年 11 月 30 日）

训练提示：知识理念类谈话节目要求主持人有相关知识的储备。日常训练中，应根据自己感兴趣的领域刻苦钻研，熟悉并掌握某一门类或学科的知识，丰富自己的头脑，努力成为专家型主持人。

稿件五

金牌调解·回家过年引起的纠纷（片段）

主持人：有问题来调解，来调解没问题。各位好，这里是江西卫视《金牌调解》，我是章婷。欢迎本场调解员胡剑云，欢迎胡老师，欢迎观察团各位成员，欢迎大家。双方当事人，一位是杨女士，一位是郭先生，欢迎二位。我们来了解一下两位当事人来调解的诉求分别是什么。

画外音：杨女士说，的确他们夫妻之间的问题是从丈夫家开始的，当下的矛盾就源于这刚刚过去的春节，而提到这个春节，郭先生说，他可是窝了一肚子火。

画外音：因为妻子的一意孤行，让自己辛苦打拼三年已经做到高管的工作给丢了，郭先生平静地表述他的愤懑。可是杨女士似乎并不以为然。郭先生说,丢了工作,木已成舟,多说无益,那就好好过年。这个年他还是选择跟妻子回她的老家也就是岳父岳母家过。郭先生说,大年初九从岳父岳母回来的路上刚好经过自己的老家,他临时起意决定回自己老家一趟。由于顺路,妻子也是满口地答应了。可没曾想,回家的第二天,妻子就闹开了。杨女士接过了话茬,在她看来,是丈夫多想了。

画外音:在郭先生看来,没什么大事不要闹得鸡飞狗跳,大过年的,在父母身边打孩子老人们自然会不高兴。只是妻子向来都是由着自己的性子来,脾气一来,经常不管不顾。半年前,因为孩子的问题,妻子就发过火,也和家人闹得很不愉快。

画外音:杨女士的"暴脾气"让丈夫丢了一份收入稳定的工作,让丈夫的家人和她生出隔阂,可是身在其中的她似乎没有察觉。此时观察员武韵老师表示,她有话要说。

画外音:武韵老师言词犀利地批评了杨女士的任性,现场杨女士也坦言承认有时候脾气确实不好,可是这一切都是有原因的,今天她所有的言行都是被丈夫逼的。杨女士说,说起对待父母和家人首先是丈夫没有做到位。杨女士说真正有问题的应该是丈夫,对待自己家里的人,丈夫更过分。

画外音:杨女士说,如果真的是地域风俗的差异,她也不会那么计较,丈夫的解释她完全不能接受,就算这一次丈夫不承认也没有关系,因为随后他还有更过分的举动,这一回可跟钱没有一点关系。

画外音:因为心疼车,推了岳父一把,郭先生的解释在今天这个现场解答不了我们心中的疑惑。对待杨女士的家人,他始终有一种距离感。这一点,作为妻子,杨女士更是感同身受,那么无缘无故为什么郭先生这么排斥妻子的家人呢?

画外音:按照夫妻两人的说法,当初他们两人的结合门不当户不对,身份差距很大。可是让我们疑惑的是,既然当初都认定了对方,为什么会在夫妻俩共同生活了11年,生育了一对儿女之后,问题才集中爆发呢?胡老师觉得,刚才杨女士的一席话让他有了一个思路。

画外音:胡老师认为,杨女士理想的"婚姻生活"没有如期出现,她的心态也逐渐失衡。在她心中,知识分子家庭的公正、理性和对学习的重视,她统统没有看到,她看到的是一个没有礼貌、不懂得关心人的丈夫。那么他们的婚姻问题该怎么解决呢?

(江西卫视《金牌调解》2016年3月11日)

训练提示:心理调解类谈话节目往往需要主持人具备很强的现场把控能力,因为在节目的现场有太多的不可控因素,例如嘉宾情绪的失控、场面的混乱或随机的节目安排等。

稿件六

健康之路·美丽女人养出来(片段)

主持人：走健康之路，过健康生活。欢迎大家收看《健康之路》，我是冀玉华。昨天的节目当中啊，我们的美女专家团队呢，四位中医专家告诉大家，要想女性越来越漂亮，关键的这个秘诀就是要调补气血，当然方法和手段非常多。那么今天呢，我们还是请四位继续跟您说一说，要想变得更加美丽，还有什么秘诀。来，我们掌声欢迎来自南京市中医院的美女专家团队。

四位专家：大家好！

主持人：石医生、张医生、郭医生、杨医生。昨天我们说，要想调补好气血，咱们得滋补肝肾，调理脾胃，还要让我们的皮肤抵御外邪，还要多运动，那今天咱们从何入手，来调补气血呢？咱们来看看这个图片啊，我们来看看这几位女性。

女嘉宾：这是怎么了？

男嘉宾：生气了。

主持人：都不美哈。暴怒啊！那这张图片能够说明什么问题呢，张医生？

张医生：这在我们看来呢，都是一些严重的不良情绪。其实这些严重的不良情绪啊，是影响女性美丽的重要杀手。

主持人：为什么情绪也会影响到我们外在的一种表现呢？

张医生：从现代医学的角度来解释的话，日常生活当中，犹豫、紧张、焦虑、惊恐等这些不良情绪对大脑皮层都是一种恶性刺激，它会引起人体内部神经内分泌系统的紊乱。比如说临床经常见到崩漏啊、痛经啊、经前期紧张综合征啊，是不是都是这样的图像？还有一种就是现在产后忧郁症的患者，其实也是非常多的。长期内分泌失调会引起人体内部脏腑功能的紊乱，气血也会出现问题。我们杨教授就是内科专家，会从这个角度再给大家谈一谈。

主持人：在皮肤上会有什么样的变化？

石医生：由于情绪所导致的皮肤病有好多种，最常见的一种就是黄褐斑，它是对称的，黄褐色的，像蝴蝶一样。这个叫肝斑，是由于肝气郁积，导致了气血不畅，气泄血瘀，以致气血不和，这是黄褐斑一个非常重要的致病因素。情绪会导致色斑，还有一个病我们大家可能知道，叫斑秃……

主持人：斑秃不是脱发吗？

石医生：对，就叫鬼剃头。早晨起来突然一片头发掉了，没有任何的自觉症状。这是为什么呢？过于大的精神压力，导致精神功能紊乱失调出现的。所以我们讲情绪会使人的皮肤受到一定的损伤。

女嘉宾：其实你知道这个人的坏情绪，虽然都知道对我们身体不太好，明明知道这个生气……

主持人：不该生气。

女嘉宾：对，不该生气，但有时候真的是控制不住。

郭医生：我不知道，晓琳，你对什么感兴趣，或者特别的爱好。

女嘉宾：好像没有。

郭医生：那我来分享我身边的一个事例吧。其实，我们医院有不少女性专家，她们会在繁忙的工作之余啊，组织一个周末丝巾会。

主持人：丝巾？

郭医生：对。

主持人：就是我们为了漂亮系的丝巾？

郭医生：对，打丝巾啊，搭配丝巾啊，怎么样把自己打扮得更加漂亮啊，是不是？这样心情就好了。

女嘉宾：我以为你说弄一个什么小金库呢！这我挺感兴趣的。

(中央电视台《健康之路》2015年3月9日)

训练提示：健康生活类谈话节目因具有很强的实用性和科普性，所以主持人必须用词严谨专业，用通俗的语言表达，亲和地讲解。训练中，要多关注、多积累时下受众比较关心的健康知识，提高语言表达能力和表述能力。

稿件七

体育易言堂·马健做客（片段）

思来：各位网易的网友，大家好，欢迎大家收看网易体育《易言堂》，我是主持人思来。我想中国的绝大部分篮球球迷昨天都经历了惊心动魄的一个晚上，中国男篮在武汉举行的亚锦赛决赛中以70比69,1分险胜约旦，获得了本次亚锦赛的冠军，从而也拿到了2012年伦敦奥运会的入场券。今天我们请到了大家的老朋友，前男篮国手马健和我们一起聊聊这场比赛，马健你好。

马健：你好。

思来：昨晚的比赛看得挺惊心动魄的，我不知道从一个球员的角度来讲，你也会看得那么紧张吗？

马健：就像比赛最后姚明的表情一样——直摇头。虽然要祝贺中国队获得了伦敦奥运会入场券,这是亚洲唯一的一个。但我觉得,自己从球员的角度来讲,从观众角度来讲,有时候自己心里有一种矛盾,毕竟自己对篮球这么热爱,而且自认为对篮球还是了解一点。

思来:你说的矛盾心理是怎样的,是中国队打得不好吗?

马健:如果从整个大局面来看,如果我们在主场才赢1分,以中国队的实力,难道我们在亚洲,在主场就只有1分的优势吗?当然,从取胜的角度上说,1分足够。但从另外一个角度来讲,我觉得中国男篮不管什么年代,从我们的国家、从我们的条件、从我们整个举国体制来讲,在亚洲应该都是横扫10到15分的实力。

思来:昨天的比赛,上半场双方失误比较多,半场结束我们还落后。第三节中国有一段打得非常好,领先了10分,但最后被对手追到还差3分,进入第四节后双方打得极其胶着,特别是最后一分半钟的时间里,只有易建联两罚1中拿了1分,照一般大家看NBA的习惯来讲,28秒,对手有球权,其实我们是处在危险的境地上。

马健:对,如果从大局面来看,从整场比赛分析,刚开始时,心理状态上约旦比我们更紧张。因为约旦从来没拿过亚洲冠军,而中国常年拿亚洲冠军,又有这么多人在打NBA,有这么多年的组队经验,有举国体制的保证。刚开始时的紧张消耗了双方体力,导致我们输了6分球,到第三节赢了10分,第四节又输回来……整个过程中有很多细节,大家看完比赛的感觉不能用一句话形容,但是是非常矛盾的心情。

当然具体从场上的细节来看,除了"政委",我们还需要一个教练。现在看来,他在场上细节方面做得可能还不太够。目前的中国队有凝聚力,再加上体能的保证,这两方面做得好,但中国队需要找两到三个关注细节的教练来完善球队。

当然应该鼓励邓华德,因为他给中国队带来了凝聚力,带来了精神。但我觉得邓华德还有一些缺陷,实事求是地讲,细节需要完善,在这方面邓华德还是做得不够。

思来:你认为邓华德作为"政委"是出色的,但还应该给他补充一些学有专长的教练到队伍里来。

马健:他一定有,只是从媒体曝光的角度没有表现到,或者是从场上队员比赛的表现来看他做得不够。但不管怎么样,昨晚是一个值得庆祝的日子,中国队毕竟赢了嘛。

思来:因为伤病方面的原因,本次亚锦赛邓华德带了很多年轻选手去,但首发阵容还是大郅、阿联、孙悦、刘炜、朱芳雨这些我们更耳熟能详的球员,那么到底年轻选手中有谁冒出来,让大家能够寄予期望的?

马健:易立啊,易立的篮球智商很高,从以前转播CBA比赛时我就看到了。在这个环境中,易立是不是给自己定了更高的要求?比如我认为易立应该像雷吉·米勒一样打到NBA,如果他自己意识到我的目标不是在国家队,而是上一个层次打到欧美水平,我觉得他有条件。

思来:虽然昨晚的1分险胜赢得大家比较揪心,但中国男篮毕竟赢得了亚锦赛冠军,取得了奥运会入场券。希望他们享受几天愉快的假期,也希望在未来一年中他们能够不断提高自己,在奥运会上带给我们新的惊喜,谢谢马健,也谢谢网友们。

马健:谢谢大家。

(《体育易言堂》第134期)

训练提示:体育谈话节目因专业性强,所以主持人必须懂得和体育有关的专业知识,能够与不同运动门类的运动员进行交流,才能体现出节目的专业性。

稿件八

对话·中国制造的设计匠心(片段)

陈伟鸿:欢迎收看今天的这期《对话》。今天这期《对话》节目呢要从我身旁的这些展示台说起,此刻在这些展示台上展示的都是人类文明进程上一个又一个改变了历史的物件。历史的节奏也许看到它,能够叫得出它的名字。没错,这是公元前3000年中国出现的青铜鼎。在当时呢,可能会用它来盛水,也许用它来装酒,还有的人用它来作为祭祀的器皿。当然呢,如果没有这样的青铜鼎的话,就不会有商周之后的中国古代文明体制的建设。这个物件叫马镫,公元4世纪中国人发明的,它极大地解放了骑乘者的双手,士兵更自如地来操控他的马匹。马镫后来传到了欧洲。我在想,如果没有马镫的话,恐怕后来欧洲也不会诞生骑士阶层。现在大家看到的这款车是1908年福特推出的T型车,到1927年的时候全世界就已经生产出多达15 000辆这款T型车,它也被誉为汽车工业中的非常重要的一款车型。当然啦,如果没有福特公司推出的这款T型车,就没有我们现在看到的大规模的流水线过程,还有你和我非常熟悉的八小时工作制。这是在1979年推出的第一款Walkman,人们更喜欢把它称作随身听,因为有了它,音乐就跟我们随身相伴。在这之后的30年时间当中,从磁带到CD、MD再到MP3,不管科技有了多大的进步,不管音乐的介质有了什么样的改变,其实音乐都跟我们相生相伴。如果没有Walkman,就没有伴随音乐成长起来的一代人。这个产品我相信不用多说大家都认得,2007年的时候,苹果公司推出了第一款苹果手机iPhone,它的设计毋庸置疑,因为苹果公司就凭自己的这款产品单枪匹马地把人们带进了一个全新的智能手机的空间。我面前的这列高铁会让很多中国人倍感亲切。2008年的时候,一条完全的中国自主知识产权并且制备世界一流的铁路全面投入运营当中,它也拉开了中国高铁时代的一个序幕。如果没有高铁,可能我们无法想象今天的中国人会以什么方式出行。所有我们呈现的这一切到底跟今天的主题有什么关联呢？在它们的身上我们可以感受到什么样的力量呢？

坐在我身边的这位，在中国的设计领域当中是很多人敬重的一位，柳冠中先生，欢迎您。旁边的这位是德国演讲的创始人，彼得扎克主席，欢迎您。刚才我们给观众展示的每一个物件，很多人觉得它们之间其实相互并没有很多关联，但是如果放在我们现场的两位嘉宾的眼中，它们会不会有关联呢？

柳冠中：虽然工业设计是在近百年才叫的，但是设计是人类最原始的一个冲动行为。所以这里面串在一起可以看出设计的历程，也就是人类生活方式的逐渐变化，一步一步走到今天。

陈伟鸿：如果让你们从这当中来选出一件，你认为它最具影响力或者最有推动力，我不知道你们二位会选择哪一件。

彼得扎克：这个。（iPhone）

陈伟鸿：选择理由是什么？

彼得扎克：苹果手机改变了我们的生活方式，改变了沟通方式，同时也改变了我们对电话的认知，深刻改变了我们的个性。当然福特T型车也很有影响力，但是我还是选择苹果手机。

……

高登·布鲁斯：我们这个时代变化非常快，很难去协调一家公司和另一家公司，除非一家公司生产产品非常多，像苹果公司生产一系列的产品，因为它的设计非常系统。而这一个个的产品之间在设计上没有形成系统，相互之间没有呼应，所以有时候把东西生产出来之后，人们才惊奇地发现这个设计出了点差错。

陈伟鸿：今天在我们的现场，我们非常高兴地请到了中国的一些非常优秀的年轻的设计师，也请到了国际上一些顶尖的设计师。在他们接下来的对话当中，我们可以找到工业设计的力量，很多人说这是一个拼颜值的年代，任何一个产品如果设计得不好看、颜值不高，恐怕都不会有人愿意理你。

……

陈伟鸿：今天的现场云集了所有让我们充满了期待的设计师，我们希望有一天你们可以拿得出让世界骄傲的设计产品。祝福大家，也谢谢各位收看我们的《对话》。

（中央电视台《对话》2015年11月8日）

训练提示：财经类谈话节目因涉及的内容比较专业，所以主持人最好具有金融类的学习或工作背景。无论是何种领域的知识，主持人都能够从容应对，将话题深入浅出，提升节目效果。

稿件九

一线·寻"龙"行动(片段)

旁白:这是深圳市一家酒店大堂监控记录下来的画面,出现在画面中的男子是武警深圳市边防支队重点监控的对象。

警方:这个人只知道外号,对他真实的身份还不了解。

旁白:这名叫阿龙的男子之所以进入武警深圳市边防支队的视野,缘于此前深圳市警方破获的一起案件。有证据显示,阿龙涉嫌毒品买卖犯罪。

警方:得到线索后,我们首先就是先弄清楚这个阿龙的真实身份。如果他真的是毒品居间,那么他究竟跟谁在进行毒品交易,他的上线、下线是谁。

旁白:除了一个电话号码和阿龙这个外号,这个人再无有价值的信息。但就在2014年9月初,深圳边防侦查部门得到了一条有关阿龙的线索。

警方:我们得到一个情况,说他有可能是要去光明区那里,深圳光明区住的一个酒店。

旁白:因为不了解阿龙的真实身份信息,侦查员只能从登记旅客的联系电话上试着寻找阿龙的踪迹。果然看到了一串熟悉的数字。

警方:因为当时在酒店查到这个电话号码,跟禁毒(方面)给我们的电话号码是一样的。

旁白:根据使用可疑号码入住酒店和离店的时间点,侦查人员判断这名身穿黑色T恤的男子应该就是阿龙,但阿龙的真实身份到底是不是彭英久呢。通过阿龙的通话记录,侦查人员注意到,阿龙和一个叫阿武的人联络频繁。而这个叫阿武的人的电话在一家医院里也出现过。

旁白:侦查人员赶到那家医院,希望能找到阿武的妻子,以此破解阿武的真相。

警方:就发现有一名男子黄应武呢有过吸毒史,就是也被刑拘过。

旁白:侦查人员判断,这名广东惠来籍有吸毒前科的黄应武就是和阿龙来往密切的阿武。至此,对于阿龙的追踪,终于有了实质性的进展。很快,侦查人员就查到黄应武和女友园园住在深圳龙华区简上村的一个出租屋内,并且有人经常往黄应武的出租屋内搬运东西。虽然一时还无法搞清楚被搬运的到底是些什么东西,但一个熟悉的身影进入了侦查人员的眼帘。

警方:发现搬运的人中有一个是我们之前在圣庭湾酒店发现的那个叫阿龙的人,他跟我们之前在简上村发现的阿龙是同一个人。

旁白:阿龙的出现让侦查人员很兴奋。另外,侦查人员零星听到的两个人之间的谈话也似乎传递出一些特别的信息。

警方：他当时跟阿龙讲说，具体说哪里的房没说，就说那个房子还要不要。阿龙言下之意就是不要了，就说你找一个高层的、通风好的地方，就说房间比较大的地方租个房子。我们摸排掌握到的再购买一些冰箱啊、冰柜啊。

记者：彭英久的身份是怎么回事？

阿龙：从别人那里买的。我有了案底，就这样。

旁白：据阿龙交代，几年前，他从湖南老家来到深圳打工，因寻求刺激，沾染上毒品。然后他辞去保安的工作，开始了以贩养吸的生活，甚至两次被抓，都没有让他远离毒品，直至这次案发。阿龙说，他吸毒、贩毒不假，但制毒的事和他无关。

记者：那是谁的？

阿龙：黄应武的。

旁白：阿龙说，他和黄应武认识好几年了，因为都是吸毒人员，所以经常在一起玩，当黄应武提出让他租房子时，他答应了，也帮了忙。

(中央电视台《一线》2016年3月12日)

训练提示：法制类谈话节目因涉及法律层面的知识，所以主持人必须对案情、法律有一定的准备和学习。除此之外，还应该具备敏捷的思维和推理能力。在涉及比较晦涩的内容时，主持人应该提前设计问题和节目流程。

稿件十

防务新观察·楔入塞浦路斯 俄罗斯再卡土耳其脖子(片段)

主持人：今天演播室请到的嘉宾是本台特约评论员、军事问题专家杜文龙，国际问题专家叶海林，欢迎两位。刚才片子当中已经提到了俄罗斯在中东地中海这个方向新选择了一个点塞浦路斯。那么请问二位为什么会选择这里？

叶海林：其实在地中海东部地区有两个核心的战略要点，一个是马耳他，一个是塞浦路斯，这个在自古以来就可以说是兵家必争之地。从奥斯曼帝国崛起到后来的一战和二战，这两个地方从来没有安静过。那么英国人控制塞浦路斯一直到20世纪60年代，才让塞浦路斯最终独立，由此可见从军事上来说这两个点对于整个地中海东部地区的影响是相当大的。特别是对于区域外的海上大国来说，如果在这儿能插下一根针，它就可以变成一艘航空母舰。另外一点就是，俄罗斯基本上已经把塞浦路斯买下了，在塞浦路斯的存款里面，俄罗斯人存了1 700多亿欧元，塞浦路斯的国民生产总值一共才100多亿欧元，也就是俄罗斯的存款是它国民生产总值的8到10倍，银行里放的钱是俄罗斯人放的钱。那么在这个问题上,塞浦路斯更不会轻易地说俄罗斯这个事情我要站到欧盟这一边,你就委屈一下,即使它心里有这种想法,恐怕它也不敢说。

叶海林:其实是一个很简单的道理,在叙利亚,它离土耳其只有40多公里远,你在塞浦路斯不用部署进攻性兵器,你就是把俄罗斯的S-300、S-400部署进去,基本上土耳其东部的飞机就别起飞了,你起飞一架我打你一架,所以这个事情对土耳其来说,这是一个如芒在背的感觉。那么俄罗斯之所以把它的"莫斯科"号开到塔尔图斯的意图也很明确,我在这里放一个点,画一个半径400公里的圆,那么你整个东部的飞机就不要飞,这样就在塞浦路斯形成一个掎角之势。我们可以这样说,比如围棋上的一个点是没有用的,它是个死点,你有两个点才能进去,慢慢地你去做眼。俄罗斯希望拿下这个地方,它的动机非常清楚,主要是战略考量的问题。而对于欧盟的问题则是这样的,这也是欧盟的一张牌,因为塞浦路斯是欧盟成员国,欧盟正在跟土耳其谈入盟的问题,所以现在在这个地方,塞浦路斯给俄罗斯打开一扇门,对土耳其是一个很大的压力。你不要以为在俄土之间欧盟一定站在你这一边,那也不一定,所以在这个问题上应该说欧盟现在的态度是很耐人寻味的,就是说不会公开支持,但是它也不会施加压力去破坏这件事,而俄罗斯得到这个使用权的可能性是非常大的。

主持人:非常感谢两位嘉宾的精彩点评。那么本期节目就到这里,我们下期节目再见!

(中央电视台《防务新观察》2015年12月19日)

训练提示:军事类谈话节目尽管在电视节目中少见,但是作为宣传和表现我国国防实力的重要载体,发挥着很大的作用。军事类谈话节目主持要客观大气,符合当下军人的精神面貌。军事类谈话节目要保持严肃,保持纪律。

稿件十一

聚焦三农·中国新农民——青春的脚步(片段)

主持人:首先我们的两会特别节目关注了返乡创业的话题。今年的《政府工作报告》提出:要加快发展现代农业,着力提高农业质量、效益和竞争力。而想实现这样的目标,必然少不了人的力量,少不了创新实干。今天就让我们去认识一群行走在中国土地上的追梦人和创业者。

宁鲁光:池塘养殖了几年之后,池底就会沉淀一些泥浆、氨氮、亚硝酸盐,各种上升的有害气体对海参的生长造成很大危害,造成很大的损失。这样的话我们会上来机械把这层泥全部推平,挖出来底下新的土层,把这层露出来。

配　音：最早的时候，宁鲁光就对这个海水养殖不陌生，虽未从事这个行业，但是一直跟他有着最亲密的联系。

胡光鲁：你们把小的都挑一下，都挑一下，该放回去的放回去，下手太狠了。

配　音：在中国绵延万里的海岸线，这样的繁忙景象年年上演。从父辈手中接过二万八千里的晒盐场，在短短五年间扩张成四万亩海产养殖区，海参年产量达千万斤。掘金荒滩，绿色崛起，人类和大自然携手合作，以最小的生态代价实现耕海牧鱼的理想，这是宁鲁光的梦想。

配　音：小宁的海产生态养殖版图在渤海边一点点扩张，而此时远在青藏高原的扎西旺堆正在为野生白灵芝人工栽培奔走呐喊。

西藏，地球上最为神奇的高地，多少人梦里梦外的乡愁。

36岁的扎西旺堆，藏族，喜欢白灵芝，也喜欢民间音乐。

扎西旺堆：以前我们长辈就对我们讲过，灵芝是一种仙草，越来越少，没有了现在，真的挺可惜的。

配　音：被雪山环抱的原始森林，从峡谷到雪山，7 000米的海拔高度，这里是世界上高山植物区系最丰富的地区。在当地，野生灵芝和松茸一样，曾一度是人们的经济来源，只是日渐稀缺。

扎西旺堆：以前的话，老百姓主要靠挖虫草，还有就是做木料生意，这样对大自然破坏比较大。我一直希望能种植白灵芝，形成一种产业化，这样的话能给老百姓一个很大的收入。

配　音：七年前，扎西旺堆从西藏大学完成学业。在家乡林芝米林县，他一边做音乐，一边琢磨着白灵芝人工种植的事。

扎西旺堆：刚开始我们捡野生灵芝的时候，不知道怎么种，不像种白菜、土豆那种。因为我的话又不是学这块的，所以根本不懂。

配　音：世界高处的西藏让人一路仰望，从拉萨到林芝，再从林芝到拉萨，为了开创白灵芝种植大业，扎西旺堆带着虔诚与期盼往返奔波。

扎西旺堆：看看能不能种出来，如果能种出来这种东西，能延续下去，我觉得这是非常不错的。

配　音：这里是扎西旺堆在拉萨的落脚点，一个科研小组在解读白灵芝这个神秘的物种，负责人熊卫平是80年代的大学生，两年前他们在一次培训课上第一次相识。

扎西旺堆：我就问她，老师，那个灵芝菌能不能种出来，当时熊老师就跟我讲，应该没问题，应该能种出来。然后我就开始来信心了。

熊卫平：就这么说了一下，也就是一个很机缘巧合的这种机会。

扎西旺堆：找到了野生灵芝以后，我就马上跑到那个农科院那边，看他们能不能帮我分离做菌种。

配　音：扎西旺堆所在的西藏林芝地区是少数民族聚居地，独特的民族风情游成为当地的支柱产业之一，而白灵芝资源的发现，其实就是发现财富。

扎西旺堆：有一天，熊老师突然给我来电话，说，扎西你那个灵芝能种出来，我们已经培育出来了，当时心里真的特别激动。

配　音：白灵芝由原生到人工栽培，这是一个历史性的跨越。

扎西旺堆：当时那个资金也不多，请不起老师，请不起工人，找很多亲人来帮我们做。

……

（中央电视台《聚焦三农》2016年3月14日）

训练提示：深入车间、田间是工农类谈话节目中常有的场景，工农类谈话节目主持人不仅应该具备该领域的专业知识，更应该具备一定的探索精神和学习能力。主持人亲临现场进行调查才能使工农类谈话节目更具有真实性。

思考与练习：

1. 电视谈话节目的定义是什么？
2. 电视谈话节目可以分为哪几类？
3. 电视谈话节目主持人应具备哪些素质？
4. 如何策划、主持完成一档电视谈话节目？
5. 你认为电视谈话节目未来发展的趋势是什么？

第六章　网络脱口秀节目主持

教学目标：了解网络脱口秀节目，掌握脱口秀节目的语言特点，并且能够独立制作一档网络脱口秀节目。

教学重点：网络脱口秀节目的概念、特点。

教学难点：网络脱口秀节目语言的尺度、知识的广博度、思想的深刻度。

课时分配：10课时。

第一节　理论概述

一、网络脱口秀节目的概念

随着科技的发展，我们已经进入了"互联网+"时代。传统的广播电视媒体受互联网的冲击日渐加大，很多原来广播电视的忠实用户都转而喜欢在网上寻找消遣。有的人已经不再缴纳有线电视费用，而是将电视接入网络，通过网络途径观看节目；还有的人在手机或平板上安装视频App，直接观看节目。

随着智能手机的普及以及各种便携式移动终端的出现，网络媒体开始兴盛，诞生了大量在传统广播电视中不可能出现的节目，我们习惯性地称其为网络节目，而这其中就有我们今天说的网络脱口秀节目。

本章所涉及的网络脱口秀节目包括两类：一类是从制作到播出完全是网络化运作，无传统的广播电视介入的节目，如《罗辑思维》《奇葩说》《大鹏嘚吧嘚》等；另一类是从制作到播出有传统的广播电视的参与，但由于各种原因无法在广播电视上播出，受众只能借助互联网观看的节目，如《艾伦秀》《奥普拉脱口秀》等。

二、网络脱口秀节目的特点

相比传统的广播电视脱口秀节目,网络脱口秀节目具有鲜明的特点:语言内容尺度明显增大,表达方式特别夸张,词语选用格外新潮,节目时长自由性极大。这些都是传统的广播电视节目不具备的。

"语言的词汇变化得最快,它是处在差不多不断改变的状态中的。"[1]网络脱口秀节目的语言中有大量新出现的、在传统的广播电视媒体中不允许出现的时髦词语,如高富帅、白富美……虽然有些词语生命周期并不长,有的甚至转瞬即逝,但在节目播出的当时就可以成为网络流行词语。

对一般受众而言,"广播电视节目的语言稍纵即逝"[2],但网络节目就不一样,受众可以自主地将喜欢的节目、欣赏的片段多次播放。

另外,广播电视媒体上的脱口秀节目时长一般不超过20分钟,但网络脱口秀节目的时长显得更为自由,可长可短,短的一两分钟,甚至不足一分钟;长的可以一个小时,甚至更长。

三、网络脱口秀节目火爆的原因

网络脱口秀发展的外部因素:

第一,中国经济的快速发展。随着网络的普及,搜狐、新浪、优酷等网络媒体如雨后春笋般迅速崛起,并相继制作推出了许多网络节目。第二,社会文化的影响。网络可以更好地满足人们多元化的价值取向;日渐开放的社会思想也为网络脱口秀被广大人民所接受奠定了基础。第三,科技进步。科技使节目的互动性大大提高,进而增加了受众的参与热情。

网络脱口秀发展的内部因素:

第一,平民化的姿态与主持定位。当今时代的一大特点就是平民化,正如2006年《时代》周刊评出的年度人物"你"一样,平民阶层中的个体从某种意义上来说都是今天互联网上的主角。平民化这一特点在网络节目中得到延续,从网络脱口秀节目的名称、节目内容再到主持人的主持风格,无不透露着浓浓的草根味道。第二,个性化的选题。网络自身的自由性、开放性、包容性是其区别于传统媒体的重要特征,而当今技术条件下的网络节目更是体现出不同于电视节目的个性特征,并反映在其选题上。微

---

[1] 王力.汉语史稿[M].北京:中华书局,2004:2.
[2] 曾致.节目主持艺术基础[M].北京:中国传媒大学出版社,2015:30.

博、播客、SNS等都是网络节目生产链条中的环节,这些环节互相连接,在节目选题的收集、节目的制作、节目的评论中都发挥着重要作用。第三,注重与受众的互动。现在的网民本身具有强烈的参与意识和创作意识。网络节目一方面是信息的提供者和发布者,另一方面也是以平等交流的姿态与网民进行沟通的对话者。发挥网络的力量,积极创造互动平台,可以说是网络节目生存的法宝。第四,内容丰富,时长灵活。网络脱口秀的内容涉及面广,受众年龄跨度大、受众种类多。且网络脱口秀以简短著称,人们在休息、等车时均可观看,因此发展迅速。

网络脱口秀节目"说"的内容也各有不同。如知识类的《晓说》《罗辑思维》等,新闻类的《大鹏嘚吧嘚》《飞碟说》等,还有完全以搞笑为主的《Papi酱》等。

第二节 示例分析

示例一

买房不买房(片段)

"我觉得康永哥前面说的这两点里面,后面是他的人生感受,前面那一点特别值得大家去思考。我们是一个农耕文明的国家,所以我们往往把房和家混为一谈,我们的汉字"家",这个字有一个宝盖,好像指的就是一套房子,但其实可能在家的下面养猪,然后住在上面的房子里。我做过《汉字英雄》,所以我知道这个典故。但是在很多不同的文明和不同的国家里面,这件事是分开的。就是home是home,但是房子是不动产,所以对不动产是一个投资概念,我今天在一个自由市场里,我可以买房,我也可以卖房,所以我今天买房并不影响我的生活,因为我把我的房贷放到我的房子里,哪天我想卖掉或者我想搬家,我可以一年卖两次房。只有在我们现在的有些政策里面不允许你买房或者卖房,才使我们的选择变得更加复杂了。但这不是重要的,买不买房,我的观点是——随便!"

"我们真正想要的不是谁得了冠军谁得了亚军,我们希望看到在《奇葩说》里面,选手在成长,这个魅力远大于他的辩论魅力和结果魅力。"

"其实辩论到最后,你可能不知道为什么自己会去选正方还是反方,我也不觉得他们哪个是典型的辩论,但这可能也就是这个非常严肃的辩论节目《奇葩说》的魅力,它给了辩手特别多的空间,也给了'奇葩'绽放的空间。"

"在我们看最终的胜负之前请允许我把广告念完,广告就是这样的东西,越在讨厌的时候它越值钱。非常感谢一直以来赞助我们的'喝了才能愉快聊天'的雅哈咖啡,狂拽炫酷的东风标致308S。谢谢你们!谢谢你们一直伴随我们走过了《奇葩说》第二季。"

"很多人都知道,我从爱奇艺离职,然后爱奇艺的CEO龚宇在接受采访的时候,他也说马东的离开不会对《奇葩说》有任何影响。他说得非常对。我还会一直在《奇葩说》工作。只要《奇葩说》存在,我就在,所以'奇葩'不散,马东还在。大家放心。"

(《奇葩说》2015年9月19日)

示例分析:这是《奇葩说》第二季最后一期,辩题是该不该买房。

反方大鹏建议年轻人暂时不要买房,因为年轻人正在奋斗,贷款会让年轻人有很大的压力。金星也认为不买房更好。正方的第一个辩论员肖骁拿自己举例,说自己在租房子的过程当中不会刻意保护和珍惜房间的墙面和地面,如果住得不舒服可以随时搬家,不会精心地布置房间,不会注意房间的装潢。而一个热爱生活的人需要一所房子,房子就是根,是一个人在漂泊时可以躲避的港湾。当你感到孤独和伤心时,家可以给你温暖。一个女人有自己的房子,会更有安全感,不必依赖男人。如果房子买在了爸妈家附近的话,还有一个好处,就是可以常回家看看。

反方颜如晶在辩论时讲到,并不是每个人都有钱去买房子,如果手中的钱只够付首付,那么就没有办法去打造心中那个梦想的家。奋斗中的年轻人不该买房子,它会成为你的负担和牵绊,让你不能去做其他有意义的事情。另外,房子并不是根,家人才是根,家人在哪里,家就在哪里,幸福就在哪里。你的房子决定了你的交友圈,决定了你旁边所有的据点,这时候你更加不自由了。只要转一转观念,四海都可以为家。

正方邱晨认为:买房子,钱是交了房贷,但是你得到了一套房子。如果你去租房子,钱交给了房东就是打水漂了。另外,有束缚就是不幸的吗?未必,家人可能是一种束缚,但同时也是幸福的。买房子起码能出得起首付,我现在心里有安全感,我对于现状很满意,希望有个稳定的地方生活,这样的生活不是牵绊而是幸福。

反方陈铭认为:房子束缚了自由,固化了地缘圈。这个辩题实际上是两种不同价值观的对比,买房认为安全感和归属感更重要,不买房认为自由和变化更重要。买房的观念来源于农耕文明的安土重迁,不买房则类似于游牧民族。在今天互联网的商业时代,我们正走向一个精神上的游牧民族时代。事实上,有没有房子,不是你常回家看看的主要原因。

正方花希认为:租房子随时被人查暂住证,孩子没法落户、没法上学,房东随时可能把你撵走。为什么买房是幸福的?因为租房漂泊太不幸。

反方马薇薇认为:现代商业社会的一个特点是,所有物质化的东西都在贬值或上下波动,最有价值和稳定的投资应该是自身的知识和能力,这个是不会随着外部变迁而发生改变的,自己才是安全感的来源,而不是房子。年轻人还在奋斗的阶段,住在离公司近的地方,随公司搬而搬,可以比别人争取更多的机会。

正方艾伦认为:买房就是投资,钱会越攒越贬值,而投资只会让钱升值,所以买房是一件很明智的事情。

反方大鹏认为:现在的很多房子根本不值那个钱,与其将那个钱投资在房子上,还不如投资在自己身上。

金星认为:外国80%以上的人不买房,20%买房的人都是退休的人。

马东补充:德国的租房率是90%,而且政府不允许租价轻易上涨。

蔡康永认为:说"不"是一种幸福感,买房会让人丧失很多说"不"的权利和自由。

《奇葩说》启发我们:首先,在辩论或者劝说他人的时候,例子往往是最重要的,一个切合实际、贴近生活的例子会让人产生共鸣。其次,在论证观点的时候要感同身受,用平实的语言和感情去表达,不能过于激动或无动于衷。最后,每个人的观点都和他的价值观、经历有关,不能随便否定他人的价值观。

马东的语言也体现了网络脱口秀的特点,比如直接植入广告,采用"狂拽炫酷"等形容词,这些都是有别于传统广播电视语言的地方。

示例二

同事能力弱,力不力挽狂澜(片段)

蔡康永:其实演艺圈不是谁红谁身价高,是谁力挽狂澜谁身价高。比如《康熙来了》为什么这么好看,就是《康熙来了》沉闷的时候,小S就力挽狂澜。就像一场沉闷的足球赛,有一个人踢进球,全场的观众为之欢呼陶醉。人们就在乎那进球的一刹那而已,所以足球踢了那么长时间,你知道怎么运球、怎么挡人吗?观众看的就是进球的那一瞬间。林心如演戏也是一样,就是她让观众流泪的那一瞬间。我们看《还珠格格》,谁还记得在京城的宫里面走进走出那么多的人?你还是会看那几个打动你的角色。他们要你笑你就笑,要你哭你就哭。所以林心如赚到了很多人的热泪,小S赚到了很多人的笑声,范湉湉你自己赚到了大家的欢呼,那个是力挽狂澜的时候。我们有钱的大老板,不花钱在你们身上,花钱在谁身上,对不对?

双方都非常理想化,一边在讲要靠制度,一边在讲要靠家庭。我不是这样看的,我跟大家简单讲一下,每个人生活的追求最简单的原则是什么?我觉得每个人生活追求最简单的原则是实现你自己。你很弱,就实现那个很弱的你自己;你很强,就实现很强的你自己。人只有在实现了自己之后,才会感觉到快乐。你赚多少钱,你开多少公司,那都不值得你实现你自己。如果你喜欢种花就种花好了,你就实现了你自己,你会感到满足、快乐。所以我们今天讲的这个题目是什么?当别人能力很差的时候,你要不要力挽狂澜?你为什么要把两只手插起来说我就是不帮你的忙?你耽误的是谁?你耽误的就是你自己。你有几次机会可以把手掌揣起来说我不帮你忙?你每年12个月揣12次手,你这一年就过去了,你要到哪一天才实现你自己啊?所以你有能力,你就发挥出来,你何必为了别人是笨蛋还是弱者,你就不发挥你自己,这没有道理嘛。

所以如果你问我你有没有那个能力力挽狂澜,你当然是信你自己,那些没有能力力挽狂澜的人怎么办?那就是求你的人。世界上也就那么两种人嘛,对不对?所以我们今天辩题是说当别人求你的时候你要不要出手。我是绝对出手,我干吗不出手?我不是为了可怜他,我是为了实现我自己。我为了想知道我自己能够做到一个什么样的地步,你认为我在这边讲话是为了让我的队伍赢吗?我在这边讲话,是我讲要讲的话,我要讲给你们听,让你们听几句我觉得重要的事情,所以就算我讲了什么话让分数变得比较高一点,真的不重要。像如晶讲的,她的美德就是别人不做事的时候,她做事。你认为那个勤劳的美德没有在如晶的身上让她变成了一个比较好的人吗?我觉得有。所以每一个人,每一个人的经历,每一次力挽狂澜最后的作用,是作用在我们自己身上的,让我们变成一个更棒的人。就刚刚——心如刚刚讲得很客气,说同一个笨蛋新人不会跟她每一次都撞上,如果撞了三次就会开始说,我们下次不要再请那个人跟我演戏了吧。可是很不幸的是,当林心如说我们不要再找那个笨蛋跟我一起演戏的时候,会出另外一个新的笨蛋来,她还是得力挽狂澜,得在这出很沉闷的戏中表演一个特别棒的戏,让观众为之落泪。然后《康熙来了》要做十几年的节目,我们怎么知道不会遇到一点状况,我们怎么会不需要小S力挽狂澜?所以力挽狂澜是为了我们自己,不是为了那个求你帮忙的笨蛋。谢谢!

(《奇葩说》2015年8月28日)

示例分析:本期《奇葩说》的辩题是:同事能力弱,力不力挽狂澜。

本场辩论时间依旧是各位选手激烈地各抒己见。比如正方有"解决根本问题,制度比力挽狂澜更重要""力挽狂澜的目的是要把事情做好"等观点;反方也有"在职场,要踩碎你的玻璃心,扔掉你兑水的鸡汤""力挽狂澜会限制别人的发展"等观点。蔡康永的这一段言辞可以说是整个节目的高潮,跌宕起伏、柳暗花明,体现了《奇葩说》严肃、正能量的一面。

示例三

艾伦秀·成龙(片段)

艾伦：他是世界上最知名的动作明星之一，他的新片《邻家特工》将在下周上映。一起欢迎成龙。嗨！成龙，你气色看起来很不错！哇哦，我喜欢你衣服的柔软——真的很软。

成龙：这是成龙牌。

艾伦：真的，你有自己的衣服品牌？

成龙：当然，衣服、鞋子、袜子……看见这个没？这是按摩点。

艾伦：所以你走路的时候得到了按摩的效果。

成龙：当我休息时我会这么捏它。

艾伦：哦，你按摩它？

成龙：你想要吗，我送你一些？

艾伦：当然！

成龙：我能拜托你一件事么？下次介绍我出场的时候直接说成龙就好了，不要(武打的动作)……

艾伦：每个人都这么做吗？

成龙：小孩子……我走在路上，每个人看到我都……就没人这么说罗伯特·德尼罗。

艾伦：他不会打拳啊！

成龙：当我80岁，人们还是这样？

艾伦：哦，我这次就没有啊，我不知道大家会这样，但是真的很好玩。

成龙：别了。

艾伦：你打到查号台问电话遇到过困难吗？他们听得懂你说什么？

成龙：你说对了，你说得对极了，但我没有耐心，你有耐心。当我打到美国办公室，电话那头：请按第一个键，再按第二个键……我就直接挂。

艾伦：你现在想打给某人吗？

成龙：我该打给谁？

艾伦：你今天请大家吃Pinkberry的比格冰激凌对吗？

成龙：对！

艾伦：所以你可以打给查号台问Pinkberry的电话号码，看他们能不能听懂Pinkbery，那应该没啥困难。

……

（《艾伦秀》2010 年 8 月 1 日）

示例分析：《艾伦秀》不像国内综艺节目那样，一上来就介绍嘉宾，然后聊天做游戏，千篇一律，艾伦对每个嘉宾的采访方式都不尽相同。一般在全场互动的开场舞后，她先和观众聊天互动，讲笑话，而且这些笑话几乎都是节目组原创的，很接地气。在这个过程中，她有时就会巧妙地嵌入广告。

成龙出场时，艾伦介绍他为动作明星。成龙表示年纪大了，不要再提武打后，她稍一试探就马上转移话题了，不像有的主持人就嘉宾不喜欢的话题喋喋不休。而且转移得十分巧妙，把成龙送礼物与 Pinkberry 广告商联系在一起，一石二鸟。

示例四

艾伦秀·莱昂纳多（片段）

艾伦：熊抓伤你那段，真的非常真实。导演是执导过《鸟人》的亚利桑罗德，刚才那一幕大家也看到了，那是怎么拍出来的？

莱昂纳多：我都不知道他怎么拍的，这是我参演过的最有趣的电影之一，因为我们真的将自己融入了自然。

艾伦：导演只想用自然光，所以你们每天只能拍一小时？

莱昂纳多：就像每天都要演一集《周六夜现场》，但并不有趣。

艾伦：如果你们为一个镜头排练一整天，还会有重拍的时候吗？

莱昂纳多：重拍好几个月。

艾伦：这真吓人。

莱昂纳多：是啊，因为在自然里拍摄。

艾伦：我看你在冰河里游泳，多冷啊。

莱昂纳多：我觉得，最冷的时候有零下 40℃。我不是抱怨，真的挺难熬。

艾伦：你干吗要接这个角色呢？太折磨了，据说化妆都要 6 个小时，你怎样让你的胡子……

莱昂纳多：那是我自己的胡子，我和它相亲相爱了一整年。

艾伦：我也不知道你们是怎样相爱的。

……

（《艾伦秀》2016 年 3 月 4 日）

示例分析：节目前，艾伦对嘉宾会做很多了解，这样在节目中才能问出细节问题，而细节问题彰显了人文关怀和情感温度，会让嘉宾感觉到"原来你是真对我的故事感兴趣啊！"，才会愿意多谈些东西。

比如，艾伦问莱昂纳多"每天只拍一小时""在冰河游泳""化妆要6个小时"等，这些细节问题便于嘉宾回忆，也让他感觉受到了尊重。

《艾伦秀》的主持人艾伦虽是喜剧演员出身，却也有自己欲罢不能的兴趣爱好，那就是跳舞和音乐。每期节目除了会放送很多好听的歌曲，艾伦也一定会跳上一小段舞蹈。有意思的是，节目组还会定期剪辑播放现场观众各种怪异的舞姿和唱腔，供电视机前的人们开怀大笑。也许有人要问了，为什么要这么做啊？那是因为《艾伦秀》主打的是快乐和爱。作为一档日间脱口秀节目，《艾伦秀》的目标受众其实是那些家庭主妇，或者说是大白天也可以守着电视看节目的人们。这样的群体都是普通人，甚至是比较弱势的。但在《艾伦秀》里你感受不到丝毫的自怨自艾，人们可以爱自己，坚强独立；爱家人，互相扶持；爱陌生人，女子偶遇车祸勇猛救人；爱小动物，警察寒冬救落水小狗；爱音乐，十岁小男孩怀揣巨星梦，等等。总之，那些生活中的平常点滴，甚至是本该催人泪下的悲惨故事却都给人们带来了笑声和力量。

示例五

末日迷信　向死而生（片段）

我们的《罗辑思维》选择今天开播，其实已经给了一个关于末日的答案，就是我们绝不相信末日啊。

当然最近呢，经过媒体的传播，我相信没有几个人会信，都觉得这是鬼扯，只不过商家找一个理由卖东西，我们找理由欢乐一把，仅此而已。

但是我倒是有一个体会，就是其实每一种文明，甚至在它的不同阶段，对于末日的看法、对于死亡的看法，是非常不一样的。

比如说，我们今天，大家会觉得生活太美好了、太精彩了。我个人就有一句话：之所以我不想死，并不是我还没活够，是因为我死之后拍出来的电影我就看不着了，对吧。那个好吃的东西，我也吃得差不多了。我就是对电影，我实在有点舍不得，我一闭眼，李安再拍一个好电影怎么办呢？

确实现在生活太美好了！

但是我读历史的时候，我发现人类在不同的历史阶段里面对死亡的那个感受是不一样的。

在很多历史阶段，人好像觉得死就死了吧，排队上刑场，也没想着什么挣扎、反抗。

有的生命、有的历史阶段、有的文明甚至对死亡抱有一种热切的渴望。

我还记得几年前第一次去埃及旅游,我就觉得特别奇怪,我就问我们导游一个问题:我说你发现没有,在埃及,所有的文物古迹都是为死人准备的,没有一个古迹是为活人准备的。你看中国,在北京,第一要看故宫,对吧,皇帝住的;第二要看长城,这是为了防备北方游牧民族,对吧,都是给活人用的。可是到埃及所有东西,要不就是金字塔,要不就是神殿,总而言之都是死人住的地方。

我就问这个导游,这个活人的古迹有没有?这个导游说,你还真是问到一个点上了。说埃及古代人呀就不觉得活有什么重要,这乱糟糟的世界有什么可活的,对吧,抓紧时间为死后攒点东西。

这一世活不活就那么回事,可以潦草一点。

既然潦草一点,可能当时所有的居室啊、宫殿啊、建筑物啊,就都没有留下来咯。所以你看,死是不是很可怕?

如果你真觉得可怕,那么末日就会成为商人炒作的一个话题,成为恐吓你的一个话题。但是末日到底是什么?如果你信了,就成为一个迷信。我相信它的本质就在于四个字:模棱两可。

其实对于任何命中注定的说法,我建议大家都不要太信,其实算命啊、测字啊几乎不都是那么回事嘛。

……

所以其实每一个人,我们假设啊,你的生命是无远弗届的,你可以永远活下去,那你想你这辈子一定会极其糟糕,因为你什么时候努力都可以。对吧?

而我们现代人最大的问题是,我们有的时候忘了人是要死的。比如说我们为什么要撒谎,就是因为我现在搞点小伎俩骗骗人,可以获得点利益。我为了将来,我可以做好人。比如说我们天晚上不回家陪父母吃一顿饭,因为我觉得要挣钱,我忙啊!等我挣完钱之后,我有机会,我再来孝敬父母,对吧!

但是你有没有想过,生命是何等脆弱,人如蝼蚁,天地以万物为刍狗,天地不仁的呀。也就是说,你头天晚上脱下鞋上床,第二天能不能穿你不知道的呀,所以死它往往是一个突然降临的状态。

所以其实心中永远保有这样一个死字,对人来说,最大的好处就是你绝对不会作恶,你绝对会把当下该干的事情立即干掉。每天晚上上床之前你想想看,如果今天夜里我要是醒不过来,我有没有对这个社会、对这个世界,还有惭愧之处,这就是向死而生的境界。

其实人都是这样的,人之将死,其言也善。……比如说著名的被咔嚓一刀给拿掉的那个路易十六,他临死前据说最后几秒钟,回首看了看这个刽子手,问了一问题说,我们法国那个拉彼鲁兹探险队回来了没有?有没有去处?

这个探险队在太平洋上已经失踪很多年了,现在我们日本北边的那个宗谷海峡也叫拉彼鲁兹海峡,就是以他的名字命名的。所以你看,一个国王在他临死的时候,他不是说反革命啊还是支持革命啊,给王朝留点话啊,没有,他关心的仍是法国民族的一个伟大的探险家的去处和消息,所以你看这个时候人性才可以展露出来。

最让我震撼的是,纳粹的空军司令戈林,大胖子,比我还胖啊。呵,然后这个人怎么说呢,他这一生几乎就没一点好。

因为一个胖子往往是欲望无节制的,无论是吃还是好色,然后这个人还非常残暴,屠杀犹太人他也有份,等等。

可是他在他生命的最后一刻,也就是1946年的10月,盟军法庭已经判了他死刑,他生命最后的一个阶段,他就是跟盟军法庭博弈一件事,他说能不能枪毙我,不要给绞死?

因为在欧洲人的观念当中,砍头、绞死、枪毙这完全是不同的死法,绞死是给谁预备的?江洋大盗,最底层的老百姓。砍头是最高贵的死法,你看查理一世、路易十六,都是咔嚓一刀。至于枪毙呢,是军人的死法。所以戈林说我怎么能跟江洋大盗搞到一起呢?好歹搞个枪毙嘛,博弈半天,但是法庭最后没同意,说你就得绞死。

戈林很受挫败,然后回到监牢里,拿出来藏着的一颗氰化钾胶囊吃了就死了。

但是有意思的是,也是我今天特别想强调的是,他在临死的时候写了一封信,是给监狱长写的一封信。

在信中他就详细交代了,我这个氰化钾是怎么来的。他说啊,我一共带了三颗:第一颗放衣服口袋里,故意让你们发现;第二颗呢,我放在帽檐里面,所以检查的时候,你们没有发现;第三颗我是搁在我的手提箱的那个雪花膏的一个瓶子里,你们到现在也没发现。

在信的最后,他写了一句话,他说监狱长,我这种藏法你们检查人员是不可能查出来的,请你不要怪罪他们。

所以,你知道这个故事,你怎么看他?

所以人带着末日去活和心中没有末日去活,这会活出两种不同的境界。

最近读到一篇文章,觉得很有意思,它是解释费米悖论的。

费米悖论是说什么呢,就是外星人到底有没有?

这个悖论分两边:一边,你说宇宙如此广阔,像地球这样的环境的星球一定会有,所以智慧生命一定会有;但是这个事情的另外一边呢,就是人类有史以来,没有任何靠谱的记录,说外星人光临过地球,所以你说外星人到底有没有?

所以后来对费米悖论的第一重解释说呢,是因为热核战争,任何文明只要发展到人类这个水平,就有了核武器,然后打架就没了,所以文明自爆了。

但是我读的这篇文章的作者,他提出了另外一种解释。他的答案是,外星人到底有没有?有的,一定有的。为什么他们没有来地球,因为他们忙着玩电子游戏,所以忘了去开拓外太空,来到地球……

呵,听着这个结论很无厘头吧?但其实我觉得他的分析特别有道理。

他说人其实在适应自然环境的过程中寻找伟大,寻找成就感,可是你别忘了,寻找成就感的不是人,是人的大脑,所以有几种成就感都可以追逐。既可以是建造高楼大厦、美妙的神殿,往太空中发射火箭,登陆月球,探索火星,可以是这种硬的、实的这种成就感;也可以是把《魔兽世界》打通关,在某一个游戏里面成了顶级的玩家,或是一人玩《疯狂的小鸟》全世界积分第一,等等,也可以追逐这种虚拟的东西。这两种对人的大脑来说其实一样。所以他说,你发现没有,近十年来人类的科技其实经历了一次转型。

在20世纪六七十年代的那时候,我们是探索太空,有阿姆斯特朗,有加加林,我们的宇宙飞船,我们的阿波罗登月计划等,人类追逐的是那个方向。

可是,近十年来我们追逐的是什么?

iPad,更好的电子游戏、更快的主频、更亮丽的屏幕等,我们人类已经跨越这个文明阶段,我们追逐内在的虚拟体验这样的成就感了。

那么外星人是不是也跟人类一样,在这方面走得更远呢?

其实我最近看了一幅漫画,就是这样的。

一个"宅男"嘴旁边伸着一根管子,吃只要添两口就可以了,然后坐着椅子,其实就是一个坐便器,由机器来灌输食物,前面就是一个屏幕,手里一个鼠标,他就可以在这个座位上了此残生啊。

所以这篇文章的末尾我觉得特别有意思,他说人类是怎么灭亡的?

就是有一天地球上最后一个"宅男"还在玩游戏呢,这时候屏幕上出现一行字说,刚才世界上最后一名女性刚刚死去,你一直在玩游戏,你一直在玩游戏,而忘了繁殖,对不起,人类灭亡,GAME OVER!

其实有末日真的不是一件坏事,假设人类真的拥有这样一个末日的话。我们希望当有外星人来考古,翻开这个荒废的星球,看到人类文明的时候,还能给我们竖起大拇指,不要让外星人认为这帮人实在是活该。

为了这样一个末日,为了人类的向死而生,我们今天要向王宝强说的那句台词一样:好好活,做有意义的事!

(《罗辑思维》2012年12月21日)

示例分析："内容为王"在传媒行业被说了好多年，但像《罗辑思维》这样如此不注重形式——只有罗振宇一人坐在书后，一镜到底的节目还真不多。《罗辑思维》完全凭语言内容就吸引了大量粉丝。

这是他的第一期节目《末日迷信，向死而生》，当时社会上流传着"世界末日"的谣言。罗振宇先谈了自己对"末日"的感性看法——"好遗憾，生活太美好"，然后便开始了"脑洞大开"的思想浸润。

本期最主要的观念"向死而生"被很自然地引了出来。"人之将死，其言也善"，罗振宇以几个人死前的言行说明了"向死而生，言行向善"这一观点。最后，他又谈到了费米悖论、外星人的有无和科技发展等问题，可谓天马行空。

第三节　训练稿件

稿件一

歪理邪说一"罗"筐·石油是永远用不完的

很多观众看了我们《罗辑思维》之前的节目都会说，你说的都是歪理邪说，我也承认有些观点可能确实跟通常理解的不大一样，但是这有什么关系呢？无非就是给一种别致的思考角度供你参考嘛。

因为我也不见得信这些结论，我只是在读书过程中看到这些结论，哎，言之有理，持之有据，供大家参考一下，反正《罗辑思维》我们扮演的并不是什么布道者的角色，我们只是希望做一个知识的二传手。所以这一期干脆我们就把歪理邪说的特征给它发扬光大。你看我们这小和尚，干脆躺倒，我们四脚朝天无公害，这一期干脆我给大家讲几个我觉得很有意思的歪理邪说。

我们今天抛出来的第一个歪理邪说就是石油是永远用不完的。听起来太歪了，因为我们从罗马俱乐部的报告开始就一直告诫人类，我们只有一个地球啊，我们必须要保护资源啊，但是真的就有这样的一种学说，说石油是永远用不完的。

持这种观点的经济学家让你先去想象一个屋子，这屋子里面堆满了开心果，然后约一帮朋友进去吃开心果，那么，请问，开心果会被吃完吗？结论是不会的。因为刚开始，你随便抓一把，剥开就是果仁，很高兴地吃了。可是吃到最后，你会发现，开心果变得越来越少，果壳变得越来越多，也许你抓1 000个，出来翻翻才能找到一个还带果仁的，那么这个时候因为成本太高了嘛，就会有一位拍案而起说，我不在这找了，我干脆到门口的小店去买一袋新的开心果来吃。

所以实际上一栋装满开心果的屋子里面,最后底下会沉积出大量的还没有被吃掉的开心果。所以有的经济学家就会说,你想想看,如果说石油会被用完,我们就假设地球上的石油是一个恒定的量,那么请问,人类世界最后一桶石油会在哪里,没有人会把它用掉,因为它已经太贵了。最后一桶了嘛,它会在哪里,可能会在美国国会图书馆里,或者某个博物馆里被珍藏起来了。

那么请问,世界上最后100万桶石油会在哪里?告诉你,因为它太贵了,所以没有人用得起,所以它会永远长眠地下,没有人会把它开采出来。当然你会说这叫诡辩,确实,我也承认这是诡辩,因为毕竟石油资源是守恒的,它就那么多呀,最后100万桶不把它开采出来跟没有了又有多大区别呢。但是请注意,这里面有一个很重要的经济学的思维方法,就是,不会从一个稳态,也就是固定的一个值来推算未来,永远看到所有的要素之间是会有一种充分的互动关系。

要知道最早提出人类会遭遇能源问题,不是在19世纪20世纪呀,而是19世纪早年。其实我们看到的材料是1865年,就有一个叫杰文斯的经济学家,他写了一本书叫《煤炭问题》,因为当时他看到欧洲的工业革命开展得如火如荼,而工业革命主要的燃料能源就是煤炭,而煤炭又是会耗竭的。

所以那个时候的经济学家已经忧心如焚,所以写了这样一本书说煤炭会被用完。可是直到今天,我们知道即使是在中国这样一个资源还不算太丰富的国家,我们的煤炭资源还够我们中国人用很多年,甚至最乐观的说法还够用1 000年。那这些煤炭是怎么来的呢?

经济学家就提出这样一种理论假说,就是随着一种商品的用量开始放大,那么存量变得越来越少,那么它的价格就会变得越来越高。价格变高之后,其他商家就出现了两种动力,一种是同样资源的开采技术,大家都会投资去研发,然后会开采得越来越多。比如说石油,现在美国人为什么去开采页岩气呀,要知道那个是很难开采的。但是正是因为石油价格上来了,所以开采页岩气这种原来很不划算的行为,现在就变得在商业上成立了,它就划算了,所以美国人就会去开采。还有一种呢就是,科学家们或者是商人们因为这种资源的价格变得越来越高,大家就想去开发那种替代型的资源。

很有意思的是,在20世纪的80年代,两个美国教授打了一个赌,一个是马里大学的西蒙教授,还有一个是斯坦福大学的埃尔里奇教授。

西蒙教授认为,这人类发展太不像话了,这个发展的极限是会到的呀,这么多贵金属越用越少,这将来的价格还不涨得吓人哪。而埃尔里奇教授认为这绝对不可能出现,因为人类会通过技术的革新,用越来越多的新技术然后研发各种替代产品,这些贵金属不仅不会价格高涨反而会下降。

那经济学家的争吵怎么办？最后两个人干脆各自把腰包里的钱掏出来，在1980年的9月29号，我们每个人进一批金属，然后以十年为期，一直到1990年的9月29号，我们摊到桌子上，一翻两瞪眼，看价格是上升了，还是下降了。如果上升了，我赔你；如果下降了，你赔我。所以就做了这么一个赌局。

你猜最后谁赢了，正是那个判定资源价格会下跌的埃尔里奇教授赢了，据说赢了6万美金。这就是一个具体的例子。说人类随便使用，对资源的使用，因为价格因素，因为商业动能，产生了变化，我们的资源格局本身会发生变化。我们平常人如果不去了解经济学的思维模式，经常会用算术法去了解这个世界。

因为资源是恒定的，所以我们用资源除以我们的用量，然后得出我们现在这个文明的存续，或者发展还有多少年的期限——其实世界往往不是这样的。

比如说，我们在中国探讨公共政策问题的时候，经常会说到一个问题，就是大城市的水问题。北京市经常会说，哎呀，中国北方缺水呀，北京没有水呀，所以北京城不能有太多的外来人口啊，很多有北京户口本儿的人最喜欢听这个学说，为什么？这样就可以让外地人不进京啦，因为水都不够用嘛，你们进来大家澡都洗不成，喝一口水都困难，所以这就是成为北京这样的大城市去排斥外来人口的一个理论上的理由，但其实这样的理由架得住推敲吗？

我就听一个专家质疑过，说，你说北京水少，那请问香港有水吗？那是一个海岛啊，一滴淡水都没有的啊。那反对者说，你说得不对，因为对香港我们内地有政策，我们内地给它供应淡水。那专家又反驳，说，那你说，迪拜有水吗？那可是在沙漠的边缘。我去过迪拜，我知道，那是一个全世界最奢华的城市，冲马桶用的水都是蒸馏水。我甚至到他们的水厂看过，那就是拿石油烧海水啊，烧出来的蒸馏水，那它怎么会没水呢？当然你也可以反驳说，那迪拜人有油啊，他那个地方离中东的大油田近，所以他们可以有水。那好我们再来看一个例子。美国的拉斯维加斯，拉斯维加斯是在美国西海岸的内华达州，内华达州是一个什么地方，全是沙漠，它是在沙漠中崛起的一个世界赌城。这个赌城2012年的常住人口达到200万，可是你知道它每年的旅游也就是说流动人口有多少吗？4 000万，每年要接待4 000万的游客。你到拉斯维加斯的市中心去看，到处都是五星级酒店，到处是喷泉、游泳池、桑拿，那不像一个沙漠的中心啊，那请问，他的水是怎么来的？要知道，不管一个地方缺不缺水，只要人有一个理由在这个地方发生城市化的聚集之后，水其实不是一个问题，因为会有大量的商人通过这种聚集产生的财富效应，用很贵的价格，把水引到这个地方。

就拿北京来说，北京是缺水，可是北京缺水，也许一个非常重要的原因是北京的水价太便宜。但是你看北京市民尤其有些比较富有的，他已经能接受每天不喝自来水啦,他就直接喝矿泉水。那个东西两块钱一瓶三块钱一瓶,如果连三块钱一瓶的矿泉水都能接受,那北京还能有什么水的问题呢?直接海水淡化从天津引水过来就可以了嘛,至少解决北京更多人口的城市饮用水是没有问题的。

所以在经济学家看来,一切都是价格问题,并没有什么资源的天量问题,所以这样的歪理邪说,听一听,没准对你建立一种经济学的思维方式也是有帮助的。

听到刚才这段话,有的网友可能又要开始骂了,你就是替富人说话,对吧。富人可以喝得起很贵的水,我们穷人喝不起怎么办呀?这个话你还真别骂我,因为这个话不是我说的,而是经济学家们说的。当然,我认为你也骂不着经济学家,因为他们只是根据某种理论去推测未来。你把经济学家给骂了,如果这个理论是正确的,该来还是得来。所以说,雄鸡一唱天下白,你把公鸡杀了,天该亮还是得亮,你关键得听这个理儿到底对不对。

(《罗辑思维》2013 年 1 月 18 日)

训练提示:参考以上《罗辑思维》的节目内容,根据《罗辑思维》的以下主题进行训练。

(1)拒绝逃离北上广,见识决定命运;
(2)中日贸易,如何爱国;
(3)依法治国什么样;
(4)离开达尔文的日子;
(5)教育难题的意外答案;
(6)未来脑世界;
(7)怎么当个明白人;
(8)谁杀死了罗马;
(9)反腐到底反什么;
(10)中国为什么有前途。

稿件二

《奇葩说》精彩发言

没有逻辑的正能量就是负能量。

在爱你的过程中,有些人变成更强壮更智慧的自己,故而一念成佛,有些人变成更猥琐更不堪的自己,一念成魔。在爱的过程中,是佛是魔,历尽你给我的。

百劫千难,最后我终于找到了我。

只要不伤害别人,没有什么捷径是值得抨击的。

世界上有一个我,世界上有一个你,我们把彼此都打破,加了水,加了泥和在一起,重塑一个我,重塑一个你,从此你泥中有我,我泥中有了你。

我们天生容易遇渣男渣女,是彼此价值观不吻合,互相碾压,把对方都弄成了渣。

男人的心理就是既希望你赚钱养家,又希望你貌美如花,等于干两份工作领一只鸡的钱,提供的却是双拼的服务。

你没有爱了,需要陪伴,养条狗啊。

被误会是表达者的宿命,我们没有什么可抱怨的。

训练提示:参考以上《奇葩说》中较精彩的语句,根据《奇葩说》中的以下辩题进行训练。

(1)该不该看伴侣的手机;

(2)这是不是一个看脸的社会;

(3)举报作弊我错了吗;

(4)份子钱该不该被消灭;

(5)结婚在不在乎门当户对;

(6)相亲要不要 AA 制;

(7)你选择大城床还是小城房;

(8)人到 30 岁是做稳定的工作还是追求梦想;

(9)为了成功潜规则该不该用;

(10)不生孩子有错吗。

思考与练习:

1.网络脱口秀节目与传统广播电视脱口秀节目有何不同?

2.你平时喜欢看的网络脱口秀节目有哪些?它们吸引你的是什么?

3.网络脱口秀节目的语言有何特点?

4.你觉得现有的网络脱口秀节目还可以在哪些方面有所提高?

5.如果你应聘到一家互联网视频公司,需要你推出一档网络脱口秀节目,你会如何设计?

参考书目

1. 徐宝璜.新闻学[M].吉林:时代文艺出版社,2009.
2. 陈力丹.新闻理论十讲[M].上海:复旦大学出版社,2008.
3. 吴郁.主持人语言表达技巧:修订版[M].北京:中国广播电视出版社,2011.
4. 晨光.主持人的创作艺术[M].长春:吉林大学出版社,2004.
5. 刘洋,林海.综艺娱乐节目主持概论[M].北京:中国传媒大学出版社,2007.
6. 张颂.播音主持艺术论[M].北京:中国传媒大学出版社,2009.
7. 姚喜双.播音主持概论[M].北京:高等教育出版社,2012.
8. 金重建.播音创作主体论[M].北京:中国广播电视出版社,2008.
9. 王群,曹可凡.谈话节目主持概论[M].北京:中国传媒大学出版社,2007.
10. 鲁健.中国访谈节目主持艺术[M].北京:中国传媒大学出版社,2014.
11. 马谛.娱乐节目主持艺术[M].北京:中国传媒大学出版社,2016.
12. 薛亚青.群体主持电视综艺节目会话研究[M].济南:山东人民出版社,2015.
13. 魏南江.节目主持艺术学:第二版[M].北京:中国广播影视出版社,2015.
14. 赵俐.播音主持语言表达的个性化思考[M].北京:中国广播影视出版社,2014.
15. 吴郁.主持人思维与语言能力训练路径[M].北京:中国传媒大学出版社,2013.
16. 仲梓源.电视新闻播音主持教程[M].北京:中国传媒大学出版社,2008.
17. 张仕勇,郭红,钟倩.节目主持人通论[M].成都:巴蜀书社,2010.
18. 吴郁.当代广播电视播音主持[M].上海:复旦大学出版社,2005.
19. 陆锡初.中国主持人节目学[M].北京:中国广播电视出版社,2014.
20. 魏薇.播音主持论[M].成都:四川大学出版社,2003.
21. 刘云丹.主持艺术概论[M].北京:中国电影出版社,2009.
22. 陆锡初.节目主持人导论[M].北京:中国传媒大学出版社,2014.

后　记

　　播音主持艺术是实践性非常强的语言艺术，随着时代的变迁，语言的发展更是日新月异。以往的教材以媒体作为介质的较多，如《广播播音主持教程》《电视播音主持教程》《电视新闻播音主持教程》等。如今，除了传统的广播电视以外，又出现了新媒体。本书的编写源于我们在教学改革探索时的思考，源于围绕播音与主持艺术专业基本能力即"播、说、诵、演"能力训练时没有合适教材的苦恼。于是，我和我的同事们便集思广益、群策群力地开始了编纂工作。在我们的共同努力下，"播音主持实务教程"终于问世了。这其中既有积极的探索，又有辛勤的耕耘，也有收获的喜悦和些许的遗憾。

　　《主持实务教程》重点编写了主持课程的教学内容。每一单元包括"理论概述""示例分析"和"训练稿件"三个版块，既有理论讲解又有训练材料。本书提供的大量训练材料都来源于国内主流媒体近几年播出的节目，有针对性地进行训练。本书是在我们使用多年的讲义的基础上，经过多轮课程实验又修改补充后才呈现给大家的。遗憾的是，由于编者水平有限，疏漏在所难免，欢迎专家和同行对本书多提宝贵意见，使之进一步完善，对此我们将不胜感激。

　　本册的编写具体分工如下：新闻节目主持由张晓捷、杨强撰写，生活服务节目主持由孙文瑶、张奕卓撰写，综艺娱乐节目主持由宋志君撰写，体育解说由李杨撰写，谈话节目主持由匡素萍撰写，网络脱口秀节目主持由张树楠撰写。

　　关于新闻节目主持的撰写，感谢山东广播电视台主持人周超、戴晋、小新对本章案例的提供，感谢山东青年政治学院2015级播音本科班李芮、宫嘉晨、韩璧如、徐硕、赵鹏柯、张若男、李坤、余静等同学对本章语料部分的贡献。

　　书稿结成,心中万千感慨最终都化为两个字"感谢"。感谢中国传媒大学博士生导师,也是我的恩师曾志华教授欣然作序!感谢山东青年政治学院播音与主持艺术专业的创办者武传涛教授!感谢我的同事们的鼎力配合!感谢学院领导对我们的一贯支持!感谢出版社给我们提供的机会!

　　感谢岁月,感谢这个世界的春夏秋冬,让我们在前行的路上能够感到温暖;感谢生活和时间,让我们在这个夏天成长蜕变。

王海燕

2017年6月于济南静心斋

图书在版编目(CIP)数据

主持实务教程 / 王海燕总主编. -- 北京：中国传媒大学出版社，2017.10（2023.12 重印）
（播音与主持艺术专业"十三五"规划教材　播音主持实务教程）
ISBN 978-7-5657-2024-6

Ⅰ.①主… Ⅱ.①王… Ⅲ.①主持人—语言艺术—高等学校—教材 Ⅳ.①G222.2

中国版本图书馆 CIP 数据核字（2017）第 114683 号

主持实务教程
ZHUCHI SHIWU JIAOCHENG

总 主 编	王海燕
副总主编	尹　航　许　浩
策划编辑	赵　欣
责任编辑	赵　欣　张　笛
特约编辑	高卓毓
责任印制	李志鹏
封面设计	拓美设计
出版发行	**中国传媒大学**出版社
社　　址	北京市朝阳区定福庄东街 1 号　　邮　编　100024
电　　话	86-10-65450528　65450532　　传　真　65779405
网　　址	http://cucp.cuc.edu.cn
经　　销	全国新华书店
印　　刷	唐山玺诚印务有限公司
开　　本	787mm×1092mm　1/16
印　　张	12
字　　数	241 千字
版　　次	2017 年 10 月第 1 版
印　　次	2023 年 12 月第 5 次印刷
书　　号	ISBN 978-7-5657-2024-6/G · 2024　　定　价　38.00 元

本社法律顾问：北京嘉润律师事务所　　郭建平